Mme Jeannine Montcalm
218-505, rue Notre-Dame
Repentigny QC J6A 8K5

D1362795

Le plus beau Noël
de ma vie

Raymond Paquin

Le plus beau Noël de ma vie

Quitte ou Double

Édition et mise en page : Lise Durocher
Illustrations : Edmond-Joseph Massicotte (Le Groupe Maurice)
Photos : Les résidants du Groupe Maurice

QUITTE OU DOUBLE
C.P. 63054 - Île des Sœurs
Verdun (Québec) H3E 1V6
Téléphone : 514-762-6396
Courriel : quitteoudouble@videotron.ca

Diffusion au Canada :
SOCADIS
358, boulevard Lebeau
Saint-Laurent (Québec) H4N 1R5
Tél. : 514-745-4290
Fax : 514-745-4299

*Celui qui n'a pas Noël dans le cœur
ne le trouvera jamais au pied d'un arbre.*

Roy Lemon Smith

Avant-propos

Les histoires vécues qui constituent le corpus de ce livre m'ont été racontées par les résidants de l'un ou l'autre des quatorze complexes résidentiels du Groupe Maurice. Un peu plus de 350 d'entre eux m'ont approché – appels téléphoniques, courriels, lettres, rencontres. J'en ai choisi 33 en fonction de leur intérêt, de leur originalité et de leur pertinence. J'ai visité tous les établissements du Groupe Maurice et j'ai veillé à ce qu'au moins une histoire provienne de chacun d'eux. Parmi les histoires que je n'ai pas retenues, plusieurs auraient eu leur place dans ce livre, mais il a fallu que je tienne compte de tous les facteurs que je viens d'énumérer. Les aînés qui m'ont confié leurs petits et grands secrets m'ont généreusement accueilli et je leur en serai à jamais reconnaissant. J'ai fait de mon mieux pour me montrer digne de leur confiance. Certains m'ont demandé de les désigner par leur nom, d'autres par leur prénom seulement. D'autres enfin m'ont demandé de taire leur identité pour des raisons qui leur appartiennent et que je leur ai promis de respecter. Ce livre est également disponible en version anglaise (*My Most Memorable Christmas*) et en version parlée.

Bonne lecture,

Raymond PAQUIN

Les gardiens de la tradition

Ceux et celles qui ont bien voulu me raconter ces histoires vécues et partager avec moi quelques-uns des petits et grands «secrets» qu'ils gardaient pour eux depuis leur tendre enfance sont âgés de 77 à 94 ans. Ils ont connu le krach de la bourse de New York et les dix années de dépression économique qui s'en sont ensuivies, la conscription, la Seconde Guerre mondiale, le Secours Direct (entre 35 et 75 cents par jour), les coupons de la banque alimentaire de la société Saint-Vincent-de-Paul, le Refus global, la Grande Noirceur, la Loi du cadenas et les grandes luttes syndicales, *Les insolences du Frère Untel*, la Révolution tranquille et la fin des années 1960, marquées par la libéralisation des mœurs, le libertinage et le déclin du poids de l'Église dans la société québécoise, l'abolition de toutes les formes de censure, l'éclatement de la famille, la pilule anticonceptionnelle et la montée du féminisme, Mai 1968, le Printemps de Prague, la sauvagerie révisionniste des gardes rouges de Mao Tse-Toung, la Guerre froide et la Crise des missiles de Cuba, les assassinats de Martin Luther King, de John F. Kennedy et de son frère Robert, la guerre du Vietnam et celle de Corée, la Crise d'octobre et, j'allais l'oublier, la conquête de la Lune et les premiers mots de celui qui, le premier, a marché sur notre vieux satellite : « *That's one small step for [a] man, one giant leap for mankind* »...

TOUT CELA AVANT MÊME D'AVOIR ATTEINT L'ÂGE DE CINQUANTE ANS !

Comme si ce n'était pas assez, ils ont vu leurs fils et leurs filles, les baby-boomers, rejeter en bloc la quasi-totalité des valeurs et des traditions qu'ils leur avaient transmises et marcher dans la rue en protestant contre l'ordre établi et en proclamant l'avènement de l'ère du Verseau...

When the moon is in the Seventh House
And Jupiter aligns with Mars
Then peace will guide the planets
And love will steer the stars
This is the dawning of the age of Aquarius
The age of Aquarius
Aquarius! Aquarius!

(*Aquarius*, extrait de la comédie musicale rock *Hair*)

Occupés qu'ils étaient à faire leur révolution, les baby-boomers se sont coupés de leur passé, ont cessé d'enseigner l'Histoire à leurs enfants et ont relégué leurs parents aux oubliettes, comme si le monde avait commencé avec eux.

Plus personne aujourd'hui – j'exagère à peine – ne se souvient de ces hommes et de ces femmes qui ont bâti le Québec moderne «à la sueur de leurs deux pieds dans la terre glaise»[1]. C'est tout juste si les étudiants du niveau collégial savent aujourd'hui qui étaient Robert Bourassa (77 % d'entre eux n'en ont pas la moindre idée) et les René Lévesque, Daniel Johnson, Lise Payette, Idola Saint-Jean, Rose Anna Vachon, Alphonse et Dorimène Desjardins, Claude Castonguay, Pierre Péladeau, Claire Kirkland-Casgrain, Justine Lacoste-Beaubien, Marcel Dubé, Marie-Claire Blais, Maurice Duplessis, Camillien Houde, Jean Drapeau, Joseph Simard, Pierre Bourgault, Jean-René Ouimet, Alexandre DeSève, Charles-Théodore Viau, Gabrielle Roy...

Ils sont des milliers, tous nés au 20e siècle, la plupart au tournant des années 1930.

On a donné leurs noms à des rues, des boulevards, des autoroutes, des écoles, des pavillons universitaires, des hôpitaux, des centres de loisirs, des maisons de la culture, des bibliothèques, des stations de métro et des parcs...

Avant de me mettre à l'écriture de ce livre, j'ai surfé sur internet et j'ai fouillé deux ou trois bibliothèques publiques, à la recherche d'histoires vécues qui me rappelleraient les Noëls d'autrefois dont me parlait souvent ma grand-mère Paquin, quand j'avais huit ou neuf ans.

---

1. *Le grand six pieds*, Claude Gauthier.

J'y ai trouvé des contes de Noël, des légendes, des histoires de lutins, de petits rennes au nez rouge et blanc, de pères Noël au teint cramoisi viné engagés par les grands magasins pour les aider à écouler leur camelote durant le « traditionnel » *Boxing Day*... Rien qui évoque les traditions qui ont façonné notre âme collective, rien qui me rappelle les histoires de ma grand-mère, rien qui me remue les tripes.

Alors, je me suis tourné vers les parents et les grands-parents des baby-boomers. J'ai demandé aux résidants des complexes résidentiels du Groupe Maurice (ils sont des milliers et leur moyenne d'âge avoisine les 80 ans) de me confier leurs « petits secrets ». Trois cent cinquante d'entre eux ont répondu à mon invitation.

À la fin, trente-trois résidants m'ont fait l'honneur de partager avec moi – et par conséquent, avec vous – leurs plus beaux souvenirs de Noël. C'était important qu'ils le fassent parce que leurs histoires sont écrites sur la glace et parce qu'il ne restera bientôt plus personne pour évoquer les Noëls de ce temps-là.

Dans vingt ans, qui se souviendra encore de la messe de l'Emmanuel et des deux autres célébrations qui suivaient la messe de minuit, des Quarantes Heures de prières, de la bénédiction paternelle du Jour de l'an, des tourtières de nos grands-mères, des promenades en traîneau et des étoiles qui brillaient dans la neige blanche qui s'accumulait le long des routes, de la place du visiteur, de la guignolée, du banc de quêteux...

Nos ancêtres se sont transmis les uns aux autres leur foi catholique, leurs coutumes et leurs traditions durant bien près de cinq cents ans. Ces valeurs, aujourd'hui désuètes, les ont soutenus durant les terribles hivers du début de la colonie, les ont rassurés quand ils se demandaient s'ils allaient passer au travers, leur ont donné la force de résister à l'assimilation et leur ont forgé une âme distincte.

Ce sont les GARDIENS DE LA TRADITION, les derniers témoins d'une époque révolue, et ils ne demandent pas mieux que de nous tendre le flambeau.

Je m'arrête ici. J'ai trop envie d'écrire qu'il faut des siècles et des siècles pour façonner une âme et que si nous ne faisons pas attention à la nôtre, nous risquons de la perdre… Qui dira alors aux petits robots numérisés que nous avons mis au monde à quel point nous étions beaux quand Maurice Richard, Madame Bolduc, Félix Leclerc, Rose Anna Vachon et Louis Cyr portaient encore le Québec sur leurs épaules?

Joyeux Noël à tous… et sans rancune aucune, comme on disait autrefois quand on ne savait pas trop comment prendre congé.

Raymond PAQUIN

Les origines de Noël

À l'origine, Noël était une fête païenne qui célébrait le solstice d'hiver. La première attestation écrite du mot lui-même remonte à l'an 1112. Depuis le 4e siècle, Noël commémore la Nativité, c'est-à-dire la naissance de Jésus, et est célébré le 25 décembre.

Dans la vraie vie, personne ne connaît la date de la naissance de Jésus. On ne sait pas, non plus, où il est né au juste. Les évangélistes Luc et Matthieu écrivent qu'il est né à Bethléem, mais les historiens hésitent entre Bethléem et Nazareth.

C'est en l'an 425 de notre ère que l'empereur d'Orient a officialisé la fête de Noël. En 506, le concile d'Agde en a fait une fête obligatoire et, 23 ans plus tard, l'empereur Julien en a fait un jour chômé.

À partir du 16e siècle, des crèches sont apparues dans les églises un peu partout en Italie, avant de se répandre dans les foyers autour du 18e siècle.

L'AVENT

L'avent est la période liturgique qui englobe les quatre dimanches précédant Noël. Les premiers chrétiens avaient l'habitude d'allumer une bougie le premier dimanche et une de plus à chacun des trois autres, mais, ce qui mettait vraiment la table pour la fête elle-même, c'était la guignolée.

> *Bonjour le maître et la maîtresse*
> *Et tout le monde de la maison*
> *Pour le dernier jour de l'année*
> *La guignolée, vous nous devez*
>
> (*La chanson de la guignolée*)

Commençons par le mot lui-même qui est une déformation de l'expression française « au gui l'an neuf », devenue « au gui l'an neu' » après avoir été québécisée. Il paraît qu'en prononçant trois fois de suite « au gui l'an neu' », on finit par entendre « la guignolée »...

La première guignolée québécoise a été organisée en 1860 par la Société Saint-Vincent-de-Paul. Des bénévoles faisaient du porte-à-porte en chantant des cantiques de Noël. Les gens les accueillaient en leur servant à boire et à manger, avant de leur remettre un certain nombre de denrées non périssables pour distribution aux pauvres des environs.

À l'époque, la plupart des familles se faisaient une sorte d'obligation de nourrir les pauvres de leur village et ceux des paroisses environnantes durant le temps des fêtes. De nos jours, ce sont les associations caritatives et les grandes corporations qui recueillent les dons du grand public et qui les redistribuent aux pauvres sous forme de paniers de Noël.

LA MESSE DE MINUIT

La messe de minuit était la deuxième d'un cycle de quatre messes célébrées la veille et le jour de Noël :

- LA MESSE DE L'EMMANUEL (l'Enfant Jésus), célébrée la veille de Noël, au coucher du soleil.
- LA MESSE DE LA NUIT, devenue la messe de minuit à cause de l'habitude qu'ont prise les chrétiens de la célébrer à minuit pile.
- LA MESSE DE L'AURORE, célébrée juste avant le lever du jour.
- LA MESSE DU JOUR DE NOËL.

Ils étaient naturellement peu nombreux à assister aux quatre messes, mais ils n'étaient pas rares ceux qui participaient à la deuxième et à la quatrième.

À l'origine, la MESSE DE LA NUIT était célébrée par le Pape, vers minuit, dans la chapelle de la basilique Sainte-Marie-Majeure, à Rome, devant un public choisi. Le pape Sixte III y avait fait construire une crèche, sur le modèle de celle de Bethléem. On croyait alors que Jésus était né à minuit.

Le temps fort de la messe de minuit était la procession de l'Enfant-Jésus. Jusqu'en 1935, les religieuses du couvent des Ursulines, à Québec, avaient l'habitude de préparer leurs petites élèves avec soin. Vêtues de robes blanches et coiffées de couronnes, elles formaient un cortège qui s'avançait jusqu'à la crèche. La coutume a cessé quand les parents des élèves ont fait pression sur elles pour ravoir leurs fillettes à la maison durant le congé du temps des fêtes.

La messe de minuit était l'occasion pour les paroissiens de communier dans un esprit de partage et de générosité qui n'avait pas son pareil durant le reste de l'année. Un peu après minuit, la plus belle voix de ténor de la paroisse entonnait le *Minuit, Chrétiens,* et il fallait avoir un cœur de pierre pour ne pas en être ému jusqu'aux larmes.

Dans la tradition française, la messe de minuit était précédée d'un repas maigre qu'on appelait « le gros souper », suivi d'un repas gras qui est graduellement devenu le réveillon de Noël. Il faut dire qu'on jeûnait parfois la veille, que les offices de la nuit étaient longs, qu'il y avait souvent loin de la maison à l'église et qu'immédiatement après la messe de minuit, il fallait encore chanter les *Laudes.*

À cette époque, la fête était surtout régionale et le menu du réveillon, quoique traditionnel, variait énormément d'un endroit à l'autre. À Orléans, on servait du porc sous toutes ses formes (boudin, crépinettes, etc.). Dans le Poitou, on servait de la perdrix, du chapon, des oiseaux sauvages, du héron, du lièvre, du sanglier... Dans les Hautes-Alpes, on mangeait de la soupe de pâtés. En Armagnac, c'était le «pot de la daube», un morceau de bœuf cuit dans une sauce noire composée de vin rouge et de condiments. En Corse, enfin, on se gavait de polenta (bouillie de farine de maïs ou de châtaigne). Partout, le réveillon était accompagné de chants traditionnels.

Au Québec, le réveillon était d'abord la fête des enfants. On les couchait tôt et on les réveillait quand les adultes revenaient de la messe de minuit. Après la distribution des cadeaux, on passait à table.

Au menu : dinde traditionnelle, pain de viande, tourtière, ragoût de pattes de cochon, pommes de terre en purée, oreilles de crisse, marinades, tartes, gâteau au fruit et bûche de Noël... Faut-il s'étonner qu'après avoir fait ripaille jusqu'au petit matin, les musiciens et les «calleurs de sets carrés» prissent chaque fois la relève?

À propos de cette expression, le folkloriste Ovila Légaré s'est souvent excusé de n'avoir jamais pu trouver son équivalent, mais, comme il le disait lui-même, « La tradition, c'est la tradition. Elle ne respecte guère les règles. Même le dictionnaire Harrap's se dit incapable de traduire *set* et *caller* en français... »

LA NUIT DE NOËL

On l'appelait aussi « nuit magique » et « nuit des merveilles ». Selon la croyance, les animaux de la ferme héritaient alors du don merveilleux de la parole. Les bœufs, les vaches, les chèvres, les porcs et les volailles en profitaient pour échanger des «confidences» sur leurs maîtres et malheur aux humains qui surprenaient leurs conversations. Ils couraient le risque de devenir muets ou de mourir.

Une autre croyance voulait qu'à minuit, les animaux se mettent à genoux dans l'étable pour adorer l'Enfant-Jésus. Au Québec, on croyait que les morts sortaient de leurs tombes et qu'ils rejoignaient le dernier curé de la paroisse, vêtu d'un surplis blanc et arborant une étoile dorée, en compagnie de qui ils priaient avant de réintégrer leur dernière demeure.

LA CRÈCHE DE NOËL

Aujourd'hui vous est né un Sauveur, dans la ville de David.
Vous le trouverez emmailloté et couché dans une mangeoire.
SAINT LUC

Le mot «mangeoire» dérive du mot latin *cripia*, duquel découle également le mot «crèche». Dans la tradition chrétienne, la crèche est une mise en scène de la naissance de l'Enfant Jésus, entouré de Marie et de Joseph, de l'âne qui les y avait emmenés, du bœuf qui soufflait sur le nouveau-né, de quelques bergers et de trois ou quatre moutons.

Les Rois mages

Ils entrèrent dans la maison, trouvèrent l'Enfant
avec Marie, sa mère, et, se prosternant, ils l'adorèrent.

Évangile selon Saint Matthieu

Les Rois mages, que Matthieu appelait simplement les Mages, étaient des étrangers venus d'Orient, qui avaient suivi une étoile qui s'était levée à l'Est et qui les avait guidés jusqu'au lieu de la naissance du Christ. En parlant d'eux, l'apôtre ne précise pas qu'ils étaient trois et ce n'est pas lui non plus qui les baptise Gaspard, Melchior et Balthazar. Il lui suffit apparemment de mentionner que les Mages sont venus avec de l'or, de la myrrhe (la résine odorante du balsamier) et de l'encens, qu'ils ont offert à l'Enfant-Dieu pour célébrer sa naissance.

L'Épiphanie

L'Épiphanie est une fête d'origine païenne associée au dieu Apollon, au Soleil et aux autres dieux souverains : Zeus, Aphrodite, Poseidon, etc. Elle a été christianisée au commencement du 4e siècle et est célébrée le 6 janvier.

Jusqu'à la fin du 4e siècle, justement, l'Épiphanie a été la seule grande manifestation du Christ dans le monde. Elle était en plus l'occasion de « tirer les Rois ». On dissimulait une fève dans une pâtisserie et celui ou celle qui la trouvait devenait le roi ou la reine de la journée.

Au Québec, traditionnellement et jusqu'à la Révolution tranquille, la période du temps des fêtes commençait le 1er décembre avec la guignolée et l'avent, passait par le 25 décembre (Noël) et le 1er janvier (le Jour de l'An) et se terminait le 6 janvier (les Rois). Ces dernières années, Noël est devenue une fête commerciale et le *Boxing Day*, qui s'étire désormais sur plusieurs jours, prend de plus en plus de place.

Le sapin de Noël

L'installation dans les foyers d'un sapin de Noël décoré est une tradition païenne, christianisée au Moyen-Âge et généralisée au 18e siècle. Jusqu'à il n'y a pas si longtemps, la tradition voulait que le sapin soit installé la veille de Noël et enlevé douze jours plus tard.

Au Québec, on doit le sapin de Noël à des mercenaires allemands et, en particulier, au major général Von Riedesel. C'est d'ailleurs son épouse qui a planté et décoré, à Sorel, le premier sapin de Noël nord-américain.

À l'origine, le sapin de Noël était orné d'hosties et de pommes rouges, symboles du fruit de la rédemption (la communion) et de la tentation (la pomme d'Adam). Avec le temps, on leur a substitué l'étoile de Bethléem, des guirlandes, des boules de Noël, des angelots, des pères Noël, de la neige artificielle, etc. On disposait les cadeaux au pied de l'arbre et on remplissait de fruits et de bonbons un certain nombre de bas de Noël qu'on accrochait à des clous un peu partout dans la maison.

LE PETIT MONDE DU PÈRE NOËL

Le Père Noël est l'équivalent français du *Santa Claus* des Américains et du *Sinter Klaas* néerlandais qui dérive lui-même de Saint-Nicolas. On dit aussi qu'avant le Père Noël, il y a eu Julenisse, un lutin qui distribuait des cadeaux aux enfants des pays nordiques, sans oublier Bertha, en Bavière, Béfana, en Italie, Tante Arié, en Suisse, et Frau Holle, en Allemagne. Au milieu de l'hiver, le dieu celte Gargan, duquel s'est inspiré Rabelais pour créer son Gargantua, et le dieu viking Odin descendaient sur terre pour offrir des cadeaux aux enfants scandinaves.

Depuis le 19e siècle, le Père Noël attend que les enfants dorment et leur apporte leurs jouets durant la nuit. Il entre par la cheminée, boit le verre de lait et mange les biscuits qu'ils lui ont laissés et dépose leurs cadeaux au pied de l'arbre de Noël.

Au Québec, bien avant que le Père Noël n'acquière ses lettres de noblesse, c'est l'Enfant Jésus lui-même qui distribuait des cadeaux aux petits Francophones. Les petits Anglophones, naturellement plus pragmatiques, pouvaient toujours compter sur *Santa Claus*.

La première représentation graphique du Père Noël à peu près tel que nous le connaissons maintenant est attribuée à un certain Thomas Nast, illustrateur et caricaturiste du *Harper's Illustrated Weekly*, un hebdomadaire de New York. Il s'agissait d'un petit bonhomme rond, vêtu de fourrure, une pipe au coin de la bouche. C'est également Nast qui, dans un de ses dessins publiés en 1885, établit la résidence du Père Noël au Pôle Nord. Ceux qui croient que le Père Noël a été conçu en 1931 par un dessinateur à l'emploi de Coca Cola se trompent. Il s'agit d'une légende urbaine.

Selon les Norvégiens, le Père Noël habite à cinquante kilomètres d'Oslo. Les Suédois disent qu'il demeure au nord-ouest de Stockholm et les Danois croient dur comme fer qu'il réside au Groenland.

En 1927, les Finlandais ont décrété que s'il vivait au Pôle Nord, il lui faudrait enfermer ses rennes dans une étable et les nourrir de foin ensilé. Ils fixèrent donc sa résidence en Laponie.

Au Québec, les folkloristes ne se gênent pas, quant à eux, pour affirmer qu'il a établi ses pénates dans les Territoires du Nord-Ouest.

Les rennes du Père Noël

Jusqu'au 20e siècle, le Père Noël n'avait que huit rennes : Tornade, Danseur, Furie, Fringuant, Comète, Cupidon, Éclair et Tonnerre. Le neuvième et le plus célèbre allait s'appeler Rudolphe et il a été créé par le poète Robert L. May qui en a fait le personnage principal d'un de ses contes et qui lui a imaginé un nez lumineux censé l'aider à retrouver les maisons des enfants dans le noir.

La Fée des étoiles

La Fée des étoiles est un héritage de la fête de Sainte-Lucie, qu'on célébrait au solstice d'hiver, le 22 ou le 23 décembre, suivant les années. Le nom Lucie dérive du mot latin *lux* qui signifie lumière. Jacques Languirand a déjà écrit quelque part que la Fée des étoiles est la réincarnation de Sainte-Lucie. Avec le temps, elle est un peu devenue l'adjointe du Père Noël, celle qui l'aide à répondre aux lettres des enfants, celle qui lui tient le cœur au chaud. Il lui arrive aussi de descendre à l'atelier et d'aider les Lutins à emballer les cadeaux des enfants.

Les Lutins et l'atelier du Père Noël

Ils appartiennent au petit peuple, comme les Gnomes, les Trolls, les Elfes, les Farfadets et les autres «petites personnes». Ils ont la réputation de hanter les caves et les greniers, mais ceux qui les connaissent bien savent qu'ils sont inoffensifs. En fait, ils sont espiègles et facétieux, chacun à sa façon.

Il y a ceux qui habitent sous terre et dans les cavernes (les Léprechauns, les Gnomes, les Gobelins et les Trolls), ceux qui hantent les bois et les forêts (le petit peuple des Mousses et les Elfes), ceux qui se cachent dans les jardins et dans les champs (les Kabouters), les habitants des maisons (les Brownies, les Tomtes et les Gremlins) et enfin ceux des landes et des collines au nombre desquels figurent les Korrigans, les Farfadets et les Lutins.

C'est à ces derniers que le Père Noël confie, année après année, la fabrication des jouets qu'il distribue à tous les enfants de la terre. Les plus hauts gradés – ceux qui ont l'oreille du Père Noël – s'appellent Guido, Igook, Tinmar et Eckmul. Avec le « patron » et la Fée des étoiles, ils sont les seuls à savoir où se trouve la fabrique de jouets... Il paraît qu'il faut la chercher du côté de Korvatunturi, un parc national finlandais, mais ça reste à prouver.

On raconte que depuis les années 2000, les enfants sont de moins en moins nombreux à écrire au Père Noël poste restante et que ceux d'entre eux qui le font encore passent des commandes de jeux électroniques auxquels les Lutins ne comprennent plus grand-chose.

Depuis 2008, le Père Noël a sa page sur Facebook. Plus de neuf mille cinq cents petits amis virtuels visitent régulièrement son site.

Aux fins de comparaison, la chanteuse Lady Gaga et le président Barâck Obama ont plusieurs millions d'amis Facebook chacun.

Les enfants d'aujourd'hui ne courent plus dans les champs et ne jouent plus au ballon chasseur dans les ruelles. Ils « twittent » et naviguent sur internet...

S'ils veulent rester dans le coup, le Père Noël, la Fée des étoiles et les Lutins ont intérêt à prendre le bateau avec eux. S'ils ne le font pas, qui donc transmettra leur héritage?

Les deux Laurette

J'ai perdu mon père en bas âge, deux ans après le krach boursier qui allait précipiter le monde occidental dans la pire crise économique de son histoire. Je n'avais pas encore dix mois.

Ma mère était une femme courageuse. Avec l'aide du Secours Direct (quelques dollars par semaine) et de la Société Saint-Vincent-de-Paul, elle continua d'élever seule ses sept enfants.

Sept ans plus tard, elle se remaria avec celui qui allait devenir mon vrai père et qui avait lui aussi une petite fille qui s'appelait Laurette, comme moi. Elle avait cinq ans et j'en avais sept. Du jour où elle est entrée dans ma vie, nous sommes devenues les meilleures amies du monde et nous le sommes restées.

24 décembre 1938

Ce soir, pour la première fois de nos vies, nous assisterons à la messe de minuit. L'église du village est à huit milles (treize kilomètres) de la maison. Mon père nous a

31

installés confortablement dans la carriole, attelé le cheval et donné le signal du départ.

— Hue, hue!

Nous sommes excitées au possible.

Chemin faisant, d'autres carrioles se joignent à la nôtre et les conducteurs s'interpellent joyeusement. À la croisée des chemins, nous sommes déjà si nombreux qu'on dirait un défilé. Certains passagers jouent de l'harmonica et chantent des chansons à répondre. Les commères s'échangent des ragots et les enfants chahutent autant que possible. Les plus romantiques se perdent dans la contemplation du plus beau paysage du monde et se laissent bercer par le tintement des clochettes accrochées au harnais des chevaux.

Laurette et moi n'avons pas assez de nos deux yeux et de nos deux oreilles pour tout voir et pour tout entendre.

Au loin, nous apercevons des centaines de petites lumières. On dirait un gros gâteau de fête. En cette nuit de Noël, le village s'est fait beau pour nous accueillir. Je voudrais ne jamais me réveiller.

Aux abords du village, nous sommes frappées par le nombre de paroissiens qui convergent vers la chapelle. Plus nous approchons du parvis, plus nous sommes émues. Le son du petit orgue de la paroisse déchire la nuit, comme s'il cherchait à attirer tous les anges du Ciel dans la crèche où le miracle de la naissance de l'Enfant Jésus est sur le point de se reproduire... pour la 1938ᵉ fois.

C'est la première fois que je vois notre église de nuit et je suis littéralement fascinée par les lueurs combinées des bougies, des chandelles et des lampions.

L'église est pleine à craquer. À telle enseigne que nous avons un peu de mal à nous frayer un chemin jusqu'à notre banc. La plupart des fidèles chantent à pleine voix.

Nous ne manquons rien de ce qui se déroule devant nous, mais il y a tant à voir et à entendre que nous avons l'impression de naviguer entre deux eaux, au bord d'une certaine ivresse, si j'ose dire.

À la fin de la cérémonie, nos parents nous prennent par la main et nous emmènent voir la crèche de plus près. Elle est juste à côté du maître-autel et d'une statue de Saint-Joseph, au centre d'une petite forêt construite sur une plateforme et constituée d'une dizaine de sapins hauts de douze pieds. Les personnages sont finement sculptés dans le bois et peints avec goût. Ils mesurent une vingtaine de pouces de haut. L'ensemble est saisissant.

Ma demi-sœur et moi contemplons la crèche quand nos parents nous exhortent à adresser une prière au Seigneur.

— Demandez-lui de vous garder heureuses tout au long de vos vies.

En ce temps-là, la messe de minuit était suivie de deux autres messes et il ne serait venu à l'idée de personne de partir avant la fin.

Il devait être quatre heures du matin quand nous sommes remontées dans notre carriole, après avoir souhaité un Joyeux Noël à tout le monde. Nous sommes rentrés à la maison en chantant avec nos compagnons de route.

En rentrant, ma mère nous sert un léger goûter avant de nous envoyer nous coucher. Nous ne sommes pas aussitôt endormies qu'elle s'empresse de mettre nos cadeaux de Noël dans notre assiette du lendemain.

En nous levant, nous trouverons à nos places respectives des bonbons, des arachides, une orange et une pomme... et ce sera le bonheur total. C'est tout. Pas d'autres cadeaux de Noël. Les petits Anglophones recevront la visite de Santa Claus, mais, de notre côté, nous fêterons la naissance du petit Jésus. C'est *sa* fête, pas la nôtre. Nous sommes cependant si contentes de trouver ces petites douceurs dans nos assiettes que nous les dégustons lentement, comme pour faire durer le plaisir.

Le soir, nous allons souper chez notre oncle Louis. Ma tante nous sert de la dinde, du ragoût de boulettes et des tourtières, le tout agrémenté de ketchup vert et de betteraves maison.

Pour ma part, je goûte de tout cela et j'ai droit, en prime, à une généreuse pointe de tarte aux raisins (le raisin ne coûtait pas trop cher et était encore en vente à la fin du mois de décembre).

Après le repas, nos oncles et nos tantes tassent les tables, alignent les chaises le long du mur et se mettent à danser des quadrilles, soutenus par des joueurs de ruine-babines, des violonistes et des guitaristes. Les enfants profitent de la cohue pour s'empiffrer de bonbons, d'arachides et de toutes sortes de boissons aux fraises, à l'orange...

Repues et épuisées, nous nous endormons dans la carriole familiale et nous nous réveillons à la maison... pour mieux nous rendormir.

J'ai vécu plusieurs autres beaux Noëls, mais c'est à celui-là que je repense quand je ferme les yeux et je suis sûre que c'est pareil pour ma demi-sœur Laurette.

À tous, Joyeux Noël.

Laurette BRETON
Vent de l'Ouest

Un pieux mensonge

J'ai choisi de garder l'anonymat parce que j'ai été élevé dans le respect des Hommes de Dieu et parce que j'éprouve une sorte de malaise à la seule idée de casser du sucre sur le dos d'un abbé.

Je suis né en 1923, dans la belle Vallée de la Matapédia, en Gaspésie. Mon histoire remonte à décembre 1937. J'avais alors quatorze ans et j'aidais mon père à répéter SON *Minuit, Chrétiens*, parce que depuis le temps qu'il le chantait, il avait fini par s'imaginer qu'il lui appartenait en propre.

Je touchais un peu le piano et j'avais un certain ascendant sur mon père. Il avait confiance en mon jugement et il avait beau être têtu comme une mule, il n'en faisait pas moins son possible pour me donner satisfaction.

— Minuit, Chrétiens, c'est l'heure so*lan*nelle...

— So*len*nelle, papa. So*len*nelle.

— Je l'sais!

Il y a si longtemps de cela que je ne me rappelle plus très bien s'il chantait juste ou faux. Ce dont je me souviens, par contre, c'est que son interprétation du *Minuit, Chrétiens* était le haut fait de son année de paroissien. Il n'aurait pas sauté son tour pour tout l'or du monde.

Je n'oublierai jamais ce que je vais maintenant vous raconter.

Un soir – je crois me rappeler que c'était le 15 décembre –, mon père se présenta à moi dans un état pitoyable. Il était visiblement fiévreux. Cheveux en bataille, yeux bouffis, teint cireux... avec ça qu'il était incapable de parler. Il m'expliqua, par signes, qu'il avait mal à la gorge et qu'il faudrait remettre la répétition au lendemain.

Je ne m'y connaissais pas, mais j'avais l'impression qu'il était plus atteint qu'il ne le croyait. Sa gorge était enflée.

Le lendemain soir, même manège. Il était aussi aphone que la veille, mais la douleur était de plus en plus aiguë.

— Vas-tu être capable de chanter à la messe de minuit?

Ma mère avait dit cela pour avoir l'air de s'intéresser à ce qu'elle devait considérer, au fond d'elle-même, comme une maladie d'hommes, mais sa remarque ne fit qu'empirer les choses.

Il trouva une plume et griffonna quelque chose sur un bout de papier qu'il me tendit.

Va chercher le docteur. Ça presse.

Le médecin diagnostiqua une aphonie sévère, lui prescrivit «énormément de repos» et lui interdit de chanter jusqu'au 24 décembre.

— Avec un peu de chance, vous pourrez chanter votre fameux *Minuit, Chrétiens*. Entretemps, demandez à Madame de faire infuser de la cannelle dans un grand verre d'eau chaude et buvez-en trois fois par jour. Couvrez-vous bien et ne mettez pas le bout du nez dehors. Si vous suivez mes conseils, vous y arriverez peut-être.

Mon père était désespéré. Il ne disait rien, mais je le connaissais assez pour savoir qu'il chanterait son *Minuit, Chrétiens* quoiqu'il arrive et quelque soit l'état de ses cordes vocales.

Au bout du cinquième jour, il était si abattu que je lui soumis une idée qui commençait à me trotter dans la tête.

— Je vais aller voir l'abbé Chose, papa. Je vais lui demander *au cas où* de te trouver un remplaçant en dehors de la paroisse. *Au cas où* seulement, papa.

Je ne vous l'ai pas encore dit, mais mon père n'aurait jamais pu supporter l'idée que, lui vivant, quelqu'un de la même paroisse que lui chante le *Minuit, Chrétiens* à sa place.

S'il avait pu me crier des bêtises, il l'aurait fait, mais il eut la sagesse d'attendre la prochaine visite du médecin avant de m'envoyer promener.

Si mon père croyait encore en ses chances, le diagnostic final du disciple d'Esculape lui cloua définitivement le bec.

— Vous faites une laryngite, Monsieur Jean. Il vous faut des antibiotiques.

J'allais lui demander s'il allait pouvoir chanter, mais il poursuivit.

— Oubliez ça! Ils trouveront bien quelqu'un pour vous remplacer. Rappelez-vous que c'était monsieur Thomas qui chantait le *Minuit, Chrétiens* avant vous.

Il lui aurait tiré une balle en plein front qu'il ne lui aurait pas fait plus mal.

Toujours est-il que mon père me donna la permission d'aller voir l'abbé Chose.

Sitôt arrivé au presbytère, j'expliquai la situation à l'Homme de Dieu. Je n'avais pas encore fini de débiter mon laïus qu'il leva la main droite, comme pour m'imposer le silence.

— Je t'entends bien, mon garçon. Je connais deux ou trois bons choristes qui pourraient dépanner ton père. Ce sont de bons catholiques et de bons Gaspésiens.

— Jurez-moi qu'ils ne sont pas de la paroisse. Vous connaissez mon père, Monsieur l'Abbé. Il est déjà tellement frustré que s'il fallait qu'il soit remplacé par quelqu'un de la paroisse, je crois bien qu'il en mourrait.

Il me jura tout ce que je voulais qu'il me jure et je repartis complètement rassuré. Comment aurais-je pu douter de la parole d'un Homme de Dieu?

Plus Noël approchait et plus l'état de mon père s'améliorait. Il n'était évidemment pas question qu'il chante, ne serait-ce qu'une ligne de son *Minuit, Chrétiens*, mais il était reconnaissant envers notre abbé de lui avoir déniché une doublure dans un autre coin de la Gaspésie. Je dirais même qu'il était presque curieux de voir ce que ça donnerait. Il allait être servi...

Dans l'après-midi du 24, j'ai croisé l'abbé, qui me confirma que le remplaçant de mon père arriverait à l'église vers les huit heures pour répéter avec l'organiste de la paroisse.

Il devait être sept heures quand il me prit l'envie d'aller faire un tour à l'église. J'étais aussi curieux que mon père. Je prétextai une course quelconque et je partis sans me retourner.

J'arrivai à l'église à l'instant précis où le chanteur poussait la note finale du *Minuit, Chrétiens*.

En m'approchant, je reconnus... monsieur Thomas!

— Désolé pour ton père, fit-il en me tendant une main molle. Monsieur l'abbé me dit qu'il est bien malade...

J'allais répondre quelque chose quand l'abbé arriva, visiblement fier de lui. Ma colère lui explosa en pleine face, comme un cocktail Molotov.

— Vous m'aviez juré!

— Je ne voulais pas inquiéter ton père pour rien, mon garçon...

— Vous m'avez menti!

— Un pieux mensonge, à la limite...

— Je suis venu vous dire que c'est mon père qui va chanter le *Minuit, Chrétiens* tout à l'heure. Il a la permission de son médecin.

Ça aussi c'était un pieux mensonge, mais j'estimais que je lui en devais un.

Je décidai de ne rien dire à mon père. Je fis comme si de rien n'était. Je l'aidai à s'habiller, j'attelai le cheval et j'installai des couvertures chaudes dans la carriole.

Il était minuit moins dix quand nous arrivâmes à l'église. Je remontai l'allée avec mon père et je l'escortai au jubé. L'instant d'après, je m'installai derrière l'orgue et c'est d'une voix brisée par l'émotion que j'entonnai le *Minuit, Chrétiens* pour la première et dernière fois de ma vie.

> *Peuple, à genoux*
> *Attends ta délivrance*
> *Noël! Noël!*
> *Voici le Rédempteur!*

Ce fut, et de loin, le Noël le plus mémorable de ma vie. Tout le monde pleurait, sauf mon père, qui avait l'air de ne rien comprendre à ce qui se passait autour de lui, et l'Homme «d'odieux», comme je l'appelle depuis ce soir-là dans le secret de mon âme.

Quand mon père fut assez bien pour parler, il se contenta de poser sa grosse patte sur mon épaule.

— Je n'aurai plus jamais peur de la maladie, mon garçon, tant que tu seras là...

J'ai 87 ans aujourd'hui. Soixante-treize ans ont passé depuis décembre 1937 et je suis encore incapable de repenser à tout cela sans frissonner de bonheur.

Joyeux Noël, papa, où que tu sois...

ANONYME
L'Image d'Outremont

La place du visiteur

Je suis née en 1927 et le souvenir que je veux partager avec vous remonte à 1935. Je suis la deuxième fille d'une famille de onze – trois garçons et huit filles.

Cette nuit-là, nous sommes revenus de la messe de minuit vers les 1 heure 30 du matin. Nous étions en train de tout mettre en place pour le réveillon quand on a frappé à notre porte. C'était Ovila, notre quêteux attitré. Il savait que nous lui avions gardé la place du visiteur et il s'invitait à notre table, comme à chaque année.

Les mendiants de ce temps-là avaient meilleure réputation que ceux d'aujourd'hui. Il était bien vu de les recevoir une ou deux fois par année, à Noël, par exemple. On leur réservait alors la place du visiteur. On les gardait parfois à dormir à l'intérieur d'un banc creux que les antiquaires d'aujourd'hui appellent un banc de quêteux.

Quand un quêteux vous adoptait, il passait le mot à ses confrères et leur interdisait de venir quêter chez vous. En ce temps-là, quêter était un métier honorable, comme le disait Jambe-de-Bois, le célèbre quêteux des *Belles histoires des pays d'en haut*. On ne refusait jamais l'aumône à un quêteux honorable.

Les meilleurs quêteux, si j'ose dire, menaient des vies de bohème. Ils se promenaient d'un village à l'autre et savaient dans quelles maisons on leur servirait à boire et à manger. Il leur arrivait de raconter leurs aventures rocambolesques à leurs hôtes, en échange d'une couverture, de vêtements usés ou d'un pain de savon. La plupart d'entre eux aimaient assez leur liberté pour supporter les inconvénients qui viennent parfois avec.

Cette nuit-là, Ovila s'est invité à notre table et nous avons pris grand plaisir à sa compagnie. Il nous a donné des nouvelles des autres villages et il nous a raconté ses voyages, ses aventures et mésaventures...

Nous lui donnions à boire et à manger, nous le traitions comme un des nôtres et, en retour, il nous parlait de ses tribulations sur les routes du Québec. C'était donnant-donnant.

À un moment, ma mère s'est levée de table et a sifflé la fin de la récréation.

— Si je ne vous sers pas bientôt, tout sera froid et nous n'aurons pas fini de manger avant le lever du jour...

Ovila mangeait de bon appétit, le temps filait tout doucement et le repas de ma mère était de ceux qui réchauffent le cœur.

Il était quatre heures quand mon père porta un toast à la santé d'Ovila.

— Levons nos verres à la santé de notre ami. Puisses-tu vivre longtemps, Ovila. Nous te garderons toujours la place du visiteur. Et maintenant, nous allons chanter.

La voix de mon père, celle d'Ovila, de ma mère et de ses onze enfants se mariaient comme celles des membres d'une chorale.

Les anges dans nos campagnes
Ont entonné l'hymne des cieux,
Et l'écho de nos montagnes
Redit ce chant mélodieux :
Glo-o-o-o-o-ria in excelsis Deo

Nous chantâmes comme ça jusqu'au lever du jour.

Ovila se préparait à prendre congé quand mon père lui offrit de rester à dormir, comme l'année d'avant.

— Il y a des couvertures et un oreiller dans le banc de quêteux. Libre à toi de t'y reposer un peu avant de reprendre la route.

— Merci, Monsieur Gagné. Je suis trop heureux pour me coucher tout de suite. J'ai envie de marcher un peu. Ça me fera le plus grand bien.

Il nous remercia chaudement avant de partir.

Quand mon père referma la porte derrière lui, quelqu'un – j'ai oublié qui – fit remarquer aux autres que, malgré le plaisir évident qu'il avait pris à notre compagnie, Ovila avait mauvais teint.

— Peut-être bien qu'il est malade, ajouta quelqu'un d'autre.

Quelques semaines passèrent. Un après-midi, une amie de ma mère lui raconta qu'on avait retrouvé, dans un parc, le corps inanimé et gelé d'Ovila. Je vous laisse à penser la peine que nous avons eue.

J'avais huit ans et c'était la première fois que la mort me prenait quelqu'un. J'ai dû en être ébranlée puisque je m'en souviens encore dans ma 83e année.

Je ne sais pas ce que vous en pensez, mais il m'arrive maintenant de me dire que le souvenir de la nuit de Noël qu'il venait de passer avec nous a peut-être adouci ses derniers moments.

Ce qui est sûr, en tout cas, c'est qu'il nous a longtemps manqué et que s'il est au Ciel, il sait qu'il n'est pas complètement passé à côté de sa vie.

Carmen GAGNÉ-MORRISSETTE
Le Félix Vaudreuil-Dorion

Elle a lancé son deuxième recueil de poèmes le 27 octobre 2002.

ENREGISTRÉE

Les yeux plus grands
que la panse

Je suis née à Pointe-Saint-Charles, il y a plus de 91 ans. Je suis la douzième d'une famille de treize enfants. Mon père était tailleur de pierres. C'était une vraie spécialité, à l'époque, et ceux qui pratiquaient ce métier gagnaient bien leur vie, ce qui a atténué, chez nous, les effets de la grande dépression économique des années trente.

Mon plus beau Noël – je devrais peut-être dire mon plus beau Jour de l'An –, je l'ai vécu l'année de mes six ans, dans le grand appartement que ma grand-mère occupait à Verdun, entourée de tous les membres de ma famille.

Il y avait bien un arbre de Noël à la maison, mais il n'y avait pas de cadeaux en dessous le jour de Noël. Chez les Canadiens français de ce temps-là, Noël était une fête religieuse. Nos étrennes, nous les recevions au Jour de l'An.

La veille, nos parents nous faisaient coucher de bonne heure.

— Le Père Noël va passer, mais pour cela, il va absolument falloir que vous soyez sages. Plus vite vous dormirez et meilleures seront vos chances de recevoir un cadeau à la hauteur de vos attentes.

Ils étaient cependant si peu sûrs qu'il viendrait chez nous qu'ils nous emmenaient voir la parade du Père Noël, sur la rue Sainte-Catherine.

Ma mère trouvait immanquablement le moyen de nous fausser compagnie. Elle profitait du fait que nous attendions notre tour de nous asseoir sur les genoux du Père Noël pour faire le tour des magasins. Elle filait ensuite à la maison où elle cachait nos cadeaux en attendant que nous venions la rejoindre.

Je ne me souviens plus très bien de ce que le Père Noël apportait aux autres, mais je me rappelle d'une poupée qu'on m'avait offerte et qui m'avait particulièrement émue.

Au Jour de l'An, ma grand-mère, qui faisait des ménages au Canadien National et qui avait droit à une allocation gouvernementale de quinze dollars par mois, nous recevait dans son immense appartement de Verdun. Il y avait tellement de monde chez elle qu'il fallait qu'elle organise des tablées : les enfants avec les enfants, les adultes avec les adultes.

Je n'oublierai jamais le Jour de l'An de mes six ans. Je vais essayer de vous le raconter au mieux, mais je vous demande de ne pas oublier que les souvenirs que j'évoque ici remontent à 1925 et qu'ils sont ceux d'une enfant.

Il y avait du monde partout. Des cousins, des cousines, des oncles, des tantes, des amis de la famille. Dans un coin, il y avait un vieux monsieur qui racontait des histoires tantôt drôles, tantôt effrayantes. Il était si impressionnant qu'il arrivait à nous faire peur rien qu'en faisant *Hoo-hoo, Boo-hoo.*

Il mimait tout ce qu'il racontait. J'ai oublié la plupart de ses histoires, mais j'entends encore le son de sa voix et je le revois bouger, gesticuler et faire le gros dos.

J'avais un oncle qui jouait du violon. Il était venu avec ses dix enfants et il faisait de son mieux pour les surveiller, mais c'était peine perdue. Les enfants sont les enfants. Plus ils sont nombreux, plus ils chahutent. Le mieux est encore de les laisser se fatiguer.

Mon oncle jouait des reels, des quadrilles et toutes sortes d'airs traditionnels. Il devait avoir du talent, parce que tout le monde dansait autour de lui.

À la cuisine, ma grand-mère faisait cuire ensemble, dans une même casserole, une oie et une dinde.

— C'est gras, de la dinde. La chair de l'oie est plus maigre, ça compense.

Mes tantes l'aidaient à réchauffer les plats et à servir tout le monde. Nous ne mangions pas tous en même temps. On commençait par servir les enfants. Quand ils avaient fini de manger, on desservait leur table et on préparait la prochaine tablée.

Quand mon oncle rangeait son violon dans son étui, d'autres musiciens prenaient la relève, au piano, à l'accordéon ou à la guitare.

Derrière chez nous y a t'un étang
(CHŒUR) *Derrière chez nous y a t'un étang*

Trois beaux canards s'en vont baignant
(CHŒUR) *Trois beaux canards s'en vont baignant*

Quelqu'un entonnait une chanson à répondre dans un coin et c'était parti pour au moins deux heures. Tout le répertoire y passait.

Vers les neuf heures, les adultes ramassaient les enfants endormis et les cordaient sur les lits.

Dans la salle à manger, mon père et un de mes oncles prenaient un coup et parlaient politique. Le ton finissait invariablement par monter. Il fallait que ma grand-mère s'en mêle pour que les esprits refroidissent un peu.

J'ai oublié de vous dire que ni mon père, ni mes oncles ne bénissaient leur famille au Jour de l'An. Je ne leur ai jamais demandé pourquoi. C'était comme ça et voilà tout.

J'avais les yeux plus grands que la panse. Il y avait de la musique dans les quatre coins de l'appartement de ma grand-mère, plein de bonnes choses à manger, un vieux monsieur qui racontait des histoires à dormir debout, des enfants qui couraient partout...

Je me suis endormie, collée sur mes petits cousins et mes petites cousines, la tête, le cœur et l'âme débordants d'une extraordinaire sensation de pur bonheur.

J'aurais voulu que mes petits-enfants vivent des moments comme ceux-là. Je sais bien que les temps changent et que le monde moderne est infiniment moins romantique que celui d'où je viens, mais je ne peux

pas m'empêcher de penser qu'en jetant toutes nos traditions par-dessus bord, nous avons peut-être perdu quelque chose d'important qui nous distinguait du reste du
monde. Se pourrait-il que nous soyons allés trop loin?

Simone BÉDARD
Les Résidences du Marché

Les larmes du Père Noël

Il y a quatre âges dans la vie d'un homme:
celui où il croit au Père Noël
celui où il n'y croit plus,
celui où il est le Père Noël,
celui où il ressemble au Père Noël.
ANONYME

J'ai vécu la moitié de ma vie d'homme dans la peau du Père Noël. La première fois que j'ai emprunté l'identité du gros bonhomme, c'était en 1964. Cette année-là, j'ai distribué leurs étrennes à mes quatre enfants, dans le magnifique costume cousu main que m'avait confectionné leur mère, et ce que j'ai ressenti ce soir-là, en les regardant me regarder, m'a convaincu une fois pour toutes que je venais de trouver ma voie.

Au fil des années, j'ai tenu le rôle du bon vieillard pour les enfants de mes proches et pour ceux d'un très grand nombre de classes de maternelles. J'y ai vécu des incidents qui m'ont profondément marqué, mais avant d'entrer dans le vif du sujet, j'ai envie de partager avec vous mon expérience dans un CHSLD.

J'ai très souvent rendu visite aux 257 résidants d'un Centre d'hébergement et de soins de longue durée dans mes habits de Père Noël. Durant plus de 18 ans, je les ai rencontrés *un par un*.

La plupart d'entre eux étaient si émus en reconnaissant le Père Noël de leur enfance qu'ils tenaient absolument à ce que je les serre contre mon cœur. D'autres, aussi nombreux, insistaient pour être pris en photo avec moi. Tous craquaient sur mon costume de Père Noël.

Chacune de mes visites annuelles durait trois jours, le temps de faire le tour de toutes les chambres, et c'est mouillé de la tête aux pieds que je rentrais à la maison.

Ma conjointe m'aidait à enlever mon costume détrempé et c'est ensemble que nous trouvions chaque fois le moyen de le faire sécher.

Les enfants et les «vieilles personnes» posent le même regard sur le Père Noël. L'émerveillement est le même. Les enfants ne mentent pas encore et les vieillards ne mentent plus. C'est probablement pour ça qu'ils s'aiment autant. Pour les enfants, le Père Noël, c'est le Bon Dieu. Il n'a pas le droit de les décevoir.

Une fois, dans une classe de maternelle, un petit garçon est venu me voir après la distribution des cadeaux.

— Père Noël, pourquoi tu me donnes pas de cadeau, à moi?

Ça m'a brisé le cœur.

J'avais distribué à tous les enfants les cadeaux que leurs parents avaient apportés à la maternelle, et voilà que j'en avais oublié un... Ses parents à lui ne lui avaient rien apporté et je ne m'en étais pas aperçu.

J'ai fouillé dans ma poche et j'y ai heureusement trouvé un billet de deux dollars.

— Cette année, c'est toi qui choisis ton cadeau. Ces deux dollars sont à toi, tu les as mérités. Tu t'achèteras ce que tu voudras...

À partir de ce jour-là, je n'ai plus jamais commencé la distribution des étrennes sans m'être assuré d'avoir à portée de la main au moins deux cadeaux, pour le petit garçon ou la petite fille à qui personne n'aurait pensé.

Ce que je vais maintenant vous raconter me fait encore tellement mal que je suis incapable de même y repenser sans me mettre à pleurer comme un enfant.

J'achevais ma distribution quand un petit garçon s'est approché de moi. Il s'est assis sur mes genoux et il m'a confié à l'oreille le terrible secret qui lui ravageait le cœur.

— Père Noël, mon papa, il me bat tout le temps.

Je l'ai serré dans mes bras et nous avons pleuré ensemble. C'était tout ce que je pouvais faire pour lui.

Après la distribution des cadeaux, je suis monté voir les enseignants, à l'étage du dessus. Ils avaient remarqué le manège du petit bonhomme.

— Ce petit garçon-là se méfie de tout le monde. Il est à peu près impossible de lui arracher quoi que ce soit.

Ils voulaient savoir ce qu'il m'avait dit.

— Il m'a dit que son papa le bat.

Un des enseignants m'a fait comprendre que ceci expliquait probablement cela.

— Les enfants battus se mêlent très peu aux autres. Ils ne leur font pas confiance. Nous allons faire l'impossible pour le sortir de là, je vous le promets.

J'aurai bientôt 80 ans et je dis et répète à qui ceux qui veulent ou qui peuvent m'entendre qu'il faut *écouter* les enfants, surtout quand ils ne disent rien. Les enfants de cinq ans ne mentent pas. Je le sais. Mieux, je le sens.

Je ne sais pas ce qu'il est advenu de ce petit garçon. Il doit avoir un peu plus de vingt ans aujourd'hui. S'il lit cette histoire, je tiens à ce qu'il sache que je ne l'ai jamais oublié et que je serais le plus heureux des hommes s'il me donnait de ses nouvelles.

Il me semble que je mourrais en paix si je pouvais me dire que mon intervention, si modeste qu'elle ait été, a finalement servi à quelque chose.

Joyeux Noël, mon garçon, et que Dieu te bénisse.

Jean-Guy Ostiguy
Le Notre-Dame

Le vendeur de l'année

Chez nous, quand j'étais petite, le 25 décembre, c'était la Nativité. Mes parents ne nous donnaient pas de cadeaux.

— Noël, c'est la fête du petit Jésus, pas la vôtre.

Il ne fallait pas leur parler du Père Noël. Le gros bonhomme ne trouvait pas grâce à leurs yeux. Disons qu'ils ne le trouvaient pas très profond...

Nous ne manquions de rien et ils ne rataient jamais une occasion de nous le rappeler.

— Vous êtes chanceux, vous autres. Vous mangez à votre faim, vous allez à l'école, vous êtes bien habillés et nous avons de quoi vous faire soigner quand vous êtes malades. Pensez aux petits païens d'Afrique, ils n'ont rien de tout ça, eux autres.

Inutile d'ajouter que mes parents étaient croyants. Leur Noël à eux, c'était le petit Jésus, Marie, Joseph, les Rois Mages, les bergers, l'âne, le bœuf et les cantiques.

Il est né le Divin Enfant
Jouez hautbois, résonnez musettes
Il est né le Divin Enfant
Chantons tous son avènement

Ils étaient tout entiers dans la célébration du mystère de l'Incarnation du Fils de Dieu dans la personne de Jésus de Nazareth, descendu parmi nous pour racheter la faute originelle d'Adam et Ève.

Dans ce contexte, le Père Noël et ses lutins, la Fée des Étoiles, les grelots, les carrioles et tout le bazar commercial étalé dans les grands magasins n'étaient rien d'autre que de frivoles amusements tout juste bons à nous distraire du véritable sens du Noël chrétien.

Il y avait malgré tout une sorte d'échange de cadeaux entre nous au Jour de l'an, mais ça n'avait rien à voir avec les étrennes qu'on donne aux enfants la veille de Noël. Pas de déballage de cadeaux, pas de confettis, pas de serpentins, pas de surprises.

Mon père commençait par nous bénir. S'étant assuré que la paix du Seigneur était bien descendue sur nous, il procédait à la distribution des «cadeaux». Nous étions cinq et ma mère nous remettait à chacun: une pomme, une orange, une poignée d'arachides, trois bonbons (des poissons rouges épicés), une pièce de cinq cents et un grand verre de boisson gazeuse. C'était tout.

Ils nous embrassaient, nous faisaient les recommandations d'usage et se préparaient à aller rejoindre le reste de la famille chez l'une de mes tantes.

— Ce n'est pas parce que nous ne voulons pas que vous veniez avec nous, prenaient-ils soin de nous dire en partant. Nos frères et sœurs n'ont pas beaucoup d'enfants. Nous serions sept avec vous autres. Ça ferait trop de monde à table, vous comprenez?

Nous comprenions.

Nous étions d'âge à nous occuper de nous-mêmes et la perspective de passer le Jour de l'an entre nous ne nous déplaisait pas tant que ça.

Une fois – je devais avoir dans les douze ou treize ans –, mon frère Rosaire nous a expliqué que nous avions tout ce qu'il faut pour organiser un marché aux puces, un vrai.

— Un marché aux puces?

— Je pourrais vous initier au troc...

Le troc? Ça non plus, nous ne connaissions pas trop, mais il faut croire que mon grand frère avait une âme d'apôtre. Il nous expliqua que chacun des articles que nous avions était susceptible d'avoir de la valeur pour quelqu'un d'autre.

— Nous sommes cinq et nous avons chacun une pomme, une orange, etc. Supposons maintenant que j'aime les pommes plus que tout le reste. Il me suffirait d'échanger tout ce que j'ai contre les pommes des quatre autres...

— J'veux garder ma pomme!

— T'es pas obligée de la troquer, mais tu peux t'en servir pour mettre la main sur quelque chose d'autre qui te tenterait plus...

Il était si bon vendeur que nous avons acheté son idée sans trop savoir de quoi il en retournait au juste.

Rosaire nous expliqua ensuite qu'il ne serait pas dans notre intérêt de monter nos étals dans la même pièce.

— Vous comprenez, chacun d'entre nous doit absolument éviter de montrer son jeu aux autres.

— Pour quoi faire ?

— Parce que c'est comme ça que ça marche.

Mes sœurs et moi installâmes nos tables dans la grande chambre et les garçons montèrent leurs « kiosques » assez loin l'un de l'autre.

Mes sœurs et moi avons ouvert le bal. J'ai donné ma pomme à la plus jeune qui m'a refilé sa pièce de cinq sous en échange. Avec mes cinq sous et ceux de ma cadette, j'ai acheté les arachides et l'orange de mon autre sœur...

Nous nous sommes échangé quatre trente sous pour une piastre jusqu'à ce que Rosaire décide d'entrer dans le jeu. Comme quoi le loup n'est jamais bien loin de la bergerie...

— Tu aimes les arachides, à ce que je vois. Et bien, je te donne la moitié des miennes, un bonbon et une gorgée de liqueur.

— Tu veux quoi, en échange ?

— Ton verre de liqueur et tes deux oranges.

— Ça ne m'intéresse pas. Moi, ce que je veux, c'est des arachides.

— Ça tombe bien. Si tu me donnes les arachides que tu as déjà, je t'en remettrai le double tout à l'heure. Mais il me faut en plus ton verre de liqueur et tes deux oranges tout de suite. Tu me suis ?

Dire que j'étais mêlée ne serait pas assez dire. Naïve comme je l'étais, il ne me serait jamais venu à l'idée que j'étais en train de me faire avoir. C'est qu'il était convaincant, le beau Rosaire, et puis c'était mon grand frère. Comment aurais-je pu me méfier de lui ?

Ayant fini d'en découdre avec moi, il traversa la chambre, se planta devant la plus jeune de mes sœurs et lui balança son boniment de vente. Je n'entendais pas tout ce qu'il disait, mais je connaissais assez ma sœur pour savoir qu'elle était aussi mêlée que moi. Plus il parlait, moins elle avait l'air de savoir où elle était...

Rosaire n'eut aucun mal à la mettre dans sa petite poche. Il était arrivé les mains presque vides et voilà qu'il repartait chargé comme un mulet...

Le reste de la partie se joua sans nous. Incapables de voir clair dans le jeu de Rosaire, nous choisîmes de lui laisser toute la place.

Vers les 17 heures, Rosaire estima que l'heure était venue de régler nos comptes. Il nous cria de l'attendre au salon.

— Dans cinq minutes, je viendrai remettre à chacun la part qui lui est due.

Nous l'attendîmes une bonne dizaine de minutes, ce qui nous laissa le temps de réaliser qu'il nous avait encore une fois bien eus, mes sœurs, mon petit frère et moi.

Nous n'eûmes pas le temps de lui demander des explications. Nous entendîmes soudain le bruit d'une porte qui claquait et une course désordonnée dans l'escalier.

Rosaire était en train de détaler comme un lapin.

Nous jurâmes évidemment tout ce qu'on jure dans ces moments-là.

— Je ne lui ferai jamais plus confiance...

— Il ne m'y reprendra plus...

Et que croyez-vous qu'il advint ?

Le premier janvier de l'année suivante, mon père commença par distribuer les pommes, les oranges, les pièces de cinq sous et le reste et le reste. Puis, il nous demanda de nous agenouiller et de fermer les yeux.

Rosaire déclina l'invitation.

— Je suis déjà en état de grâce…

La bénédiction de mon père me parut plus longue qu'à l'accoutumée, quelque chose comme quatre ou cinq minutes. Quand j'ouvris les yeux, je compris que Rosaire nous avait encore possédés.

Vous me croirez si vous voulez, mais il avait profité du fait que nous avions les yeux fermés pour se pousser avec tout notre butin. Comme quoi «aux âmes bien nées, la valeur n'attend pas le nombre des années…»

Beaucoup plus tard, mon frère Rosaire, qui était vendeur dans un grand magasin, fut désigné «vendeur de l'année» dans toutes les succursales canadiennes de la grande chaîne à laquelle appartenait son magasin.

Voulez-vous que je vous dise ? Se faire avoir par un des meilleurs vendeurs au Canada, c'est loin d'être un déshonneur, vous ne trouvez pas ?

Madame Morand
Les Jardins du Campanile

La dernière bénédiction

Je suis né en 1928, un an avant le krach boursier de 1929, qui allait précipiter le monde occidental dans la pire dépression économique de son histoire. La Crise des années 1930, pour l'appeler par son nom, a duré dix ans. Elle nous est tombée dessus sans prévenir et elle a laissé derrière elle des plaies qui ne se sont jamais vraiment refermées.

Comme la plupart de ses amis, mon père avait perdu son emploi durant les premières années de la Crise et je me souviens de l'avoir entendu dire à travers les branches que c'était le Secours Direct, un programme d'aide institué par le gouvernement fédéral, qui nourrissait sa famille et qui l'aidait à payer ses factures.

J'étais trop jeune pour mesurer l'étendue de ses problèmes, mais je comprenais parfaitement qu'il en arrachait. Je sais aujourd'hui que les gens du Secours Direct lui allouaient quelques dollars par semaine et qu'ils lui remboursaient une partie du coût de son loyer. Pour le reste, je ne sais pas trop comment il se débrouillait au juste.

Le midi, il lui arrivait de s'accrocher les pieds à la taverne du coin. Ma mère me chargeait alors d'aller le chercher.

— Papa, le dîner est prêt. Maman dit que la soupe va refroidir.

Il se levait sans faire d'histoires. Il prenait ma petite main dans la sienne et nous rentrions tranquillement à la maison comme deux grands. Ça ne se passait jamais autrement.

Dire qu'il était croyant serait trop peu dire. L'église de notre paroisse était sa seconde demeure. Ma mère trouvait d'ailleurs qu'il y passait trop de temps et elle ne se gênait pas pour le lui dire.

— T'es toujours rendu à l'église. Tu devrais demander au curé de te donner une soutane.

Une fois par année, il me mobilisait pour les Quarante Heures, une tradition religieuse vieille de quelques siècles. La cérémonie commençait par une messe au terme de laquelle le curé de la paroisse et ses enfants de chœur transportaient le Saint-Sacrement de la sacristie à l'autel où il demeurerait exposé durant une période ininterrompue de quarante heures.

Il incomberait ensuite aux fidèles de la paroisse de se relayer, jour et nuit, de telle sorte qu'il n'y ait jamais moins de deux personnes agenouillées devant l'autel, du commencement à la fin des Quarante Heures.

Papa ne manquait jamais de m'y emmener avec lui. Une année, il me réveilla longtemps après le coucher du soleil.

— Lève-toi, mon garçon. On remplace nos voisins d'en face aux Quarante Heures.

Je n'oublierai jamais cette nuit-là. Il faisait noir comme chez le loup dans l'église. Il y avait bien quelques lampions disposés en arcs de cercle autour du Saint-Sacrement, mais c'était tout.

À genoux au pied de l'autel, nous récitions les prières du livre que nous avait prêté le curé à la lueur des lampions et c'était doux comme un soleil d'automne sur fond de temps gris. Nous en oubliions toutes nos petites misères...

À la fin de l'hiver 1952, j'ai annoncé à mon père que je me marierais en juin et que ma sœur convolerait un mois plus tard.

Il le prit très mal.

— La maison va se vider...

Il pleurait doucement. Je me suis approché de lui et j'ai tâché de le rassurer du mieux que j'ai pu.

— Vous ne perdez pas deux enfants, papa, vous en gagnez deux. Au prochain Jour de l'an, quand vous nous bénirez, nous serons sept au lieu de cinq. Il y aura mes sœurs, mon petit frère, maman et les deux conjoints. La famille s'agrandit...

Il m'écoutait sans m'écouter. Il était tout entier à sa peine. Il perdrait bientôt deux petits de sa couvée et ce n'était pas en essayant de lui faire croire qu'il y gagnerait au change que j'arriverais à le consoler.

Cette année-là, il nous a bénis à sa façon coutumière. J'ai fait comme d'habitude. J'ai rassemblé tout le monde au salon, je leur ai demandé de se mettre à genoux et je suis allé chercher mon père qui m'attendait dans la pièce d'à côté.

— Papa, voulez-vous nous bénir ?

Quand il a passé le seuil de la porte du salon, nous avons tous ressenti une grande émotion. L'instant était d'une telle gravité et mon père était à ce point investi dans son rôle que nous osions à peine respirer.

— Que la bénédiction du Tout-Puissant descende sur vous et y demeure à jamais. Au nom du Père, du Fils et du Saint-Esprit.

Ayant étendu la main au-dessus de nos têtes et tracé le signe de la croix, il venait de transmettre la bénédiction de son Dieu à ses enfants, telle qu'il l'avait reçue de ses ancêtres.

Il se retira aussitôt dans sa chambre et il ne fallait pas être bien malin pour deviner qu'il pleurerait bientôt toutes les larmes de son corps, comme chaque fois qu'il nous bénissait.

Je lui ai laissé le temps de se remettre de ses émotions et, suivant la tradition, je suis allé le remercier de nous avoir bénis.

On n'a plus aucune idée aujourd'hui de ce que la bénédiction du Jour de l'an représentait pour les parents et les grands-parents de ce temps-là. Il n'y a qu'à lire les paroles de *La Bénédiction*, la chanson d'Albert Larrieu que tout le monde connaissait par cœur à cette époque, pour s'en rendre compte.

La Bénédiction

Paroles et musique : Albert LARRIEU

C'est le Jour de l'an, la famille entière
Au pied de la Croix s'est mise à genoux.
Le père se lève après la prière,
Voici ce qu'il dit d'un air grave et doux :

Sang de mon sang, fils de ma race,
Aujourd'hui groupés sous mon toit !
De vos anciens suivez la trace,
Demeurez gardiens de la Foi !
Sachez conserver les usages
Légués jadis par les aïeux !
Gardez surtout notre langage,
Notre parler mélodieux !

Du Canada, terre chérie,
Soyez tous les fiers défenseurs !
Si l'on attaque la Patrie,
Dressez-vous contre l'agresseur !
Mon front s'incline vers la terre,
Mes pauvres jours sont bien finis !
Pensez à moi dans vos prières,
Allez, enfants, je vous bénis !

J'ai eu 82 ans cette année et mes enfants ne me demandent plus de les bénir depuis bien longtemps. J'ai été muté au Saguenay, en même temps que la tradition se mettait à battre de l'aile un peu partout en Amérique du Nord. Ça devait être écrit quelque part...

Mon père est mort en 1986. L'année d'avant, il avait béni ses vingt descendants. Je n'oublierai jamais le sourire qu'il m'a adressé quand je lui ai rappelé qu'en 1952, il m'avait dit que la maison était en train de se vider et qu'il ne lui resterait bientôt plus personne à bénir.

— Nous sommes de plus en plus nombreux, papa.

S'il avait seulement pu se douter que le siècle qui s'achevait emporterait avec lui des pans entiers de la culture et des traditions que nous avaient légués nos valeureux ancêtres, il en aurait eu le cœur brisé.

À moins que là où il se trouve, il en sache assez sur les plans du Dieu qu'il a prié toute sa vie pour avoir compris que sa bénédiction nous parviendrait de toute façon...

Gilles LAFONTAINE
Les Jardins du Campanile

Le portefeuille de Jules

Je suis né en janvier 1938, dans un petit village du centre du Québec. Je suis le septième enfant d'une famille de onze.

J'ai perdu l'usage de mes jambes à l'âge de huit ans, des suites de la poliomyélite, une maladie incurable qui faisait alors trois cent cinquante mille morts par année dans le monde. Une campagne de vaccination massive, en 1988, a presque éradiqué la maladie, mais, au début des années 2000, on rapportait encore mille cas par année.

Mon père, pensant bien faire, n'arrêtait pas de me dire que je remarcherais un jour, mais, à vrai dire, je n'y croyais pas tellement. Quelque chose me disait que le ressort était définitivement brisé.

J'ai malgré tout suivi les recommandations des médecins aussi longtemps que j'ai pu. J'ai porté une orthèse, j'ai fait de l'exercice et tout ce qu'on m'a demandé de faire.

J'avais quinze ans quand j'ai dit à mon père que je sentais que je ne marcherais plus jamais et que je l'acceptais pleinement.

— Je vais rester comme ça, papa. J'ai été choisi pour être comme ça et je vais montrer à tout le monde que je peux vivre comme ça.

En attendant le fauteuil roulant qui allait me donner un peu d'autonomie, je me suis débrouillé avec une paire de béquilles que mon frère m'avait fabriquées dans l'atelier de menuiserie de mon père.

L'atelier était situé derrière notre maison. Pour faire vivre sa famille, mon père fabriquait des escabeaux. Je me souviens d'un marchand de gros qui lui en achetait près de quatre mille par année! Il va sans dire qu'avec ses deux ou trois employés, il les produisait en série.

J'y travaillais quelques heures par jour. Assis sur un petit banc, j'enfonçais des clous dans des lattes de bois ou dans des baguettes. J'en oubliais presque mes jambes.

Quand j'ai eu mon premier fauteuil roulant, j'ai tout de suite établi que je ne voulais pas qu'on me pousse.

— En poussant mon fauteuil, vous me remettez mon handicap en pleine face. Quand vous me laissez me débrouiller, j'en oublie complètement que j'ai un handicap, comprenez-vous?

L'année de mes quinze ans me libéra de l'obligation de réapprendre à marcher et de dépendre des autres. Quand le dernier mois de l'année arriva, je savais déjà que le reste de ma vie m'appartenait et qu'elle serait ce que je déciderais d'en faire, mais c'est le 25 décembre de cette année-là (1953) que j'en ai eu la confirmation.

Je savais que j'allais recevoir un cadeau, comme d'habitude, mais du diable si j'avais la moindre idée de ce qu'on m'offrirait. Je ne m'attendais pas à grand-chose. Pour tout vous dire, j'avais regardé sous l'arbre de Noël, j'avais soupesé tous les cadeaux, je savais que j'hériterais du plus petit et je ne savais pas trop quoi penser.

— Je dois être trop vieux. Les gros cadeaux, c'est pour les enfants. Je n'ai pas dû être assez sage...

C'est après la messe de minuit que ça s'est joué.

J'ai déballé mon petit cadeau de rien du tout et j'y ai trouvé un portefeuille flambant neuf avec quinze dollars dedans. Un dollar pour chacune de mes années de vie.

Ce Noël-là m'a marqué à jamais. Je commençais à connaître la valeur de l'argent et j'aimais en avoir dans ma poche.

Il m'est impossible de mettre d'autres mots sur ce que j'ai alors ressenti. Ces quinze dollars-là m'ont conforté dans la décision que j'avais prise de ne plus m'accrocher à l'espoir insensé que je remarcherais un jour. Ils m'ont rassuré.

J'ai compris qu'il y avait une place pour moi et qu'il n'en tenait qu'à moi de réussir ma vie... que j'avais le droit de rêver comme tout le monde.

Ce fut assurément le plus beau Noël de ma vie.

Jules JANELLE
Le Félix Vaudreuil-Dorion

Mon premier Noël
au Chaînon

On a quelque chose en commun, le Chaînon et moi.
On n'est pas subventionnés.
Yvon DESCHAMPS

J'avais 51 ans et mes enfants étaient élevés quand l'idée m'est venue de faire du bénévolat. J'ai d'abord pensé à offrir mes services à l'hôpital Saint-Justine. Je me disais qu'il n'y a pas beaucoup de causes plus nobles que celle des enfants malades, mais j'ai rapidement changé d'idée quand j'ai compris que je n'aurais jamais eu la force de voir des enfants souffrir... et mourir. Ça m'aurait arraché le cœur.

À quelque temps de là, j'ai vu Yvon Deschamps à la télévision. Lui et sa femme, Judi Richards, étaient alors les porte-parole du Chaînon, une maison qui venait et qui vient toujours en aide aux «femmes en difficulté», cette locution incluant les femmes battues, les femmes abandonnées et les femmes itinérantes.

Il parlait d'Yvonne de Maisonneuve, l'extraordinaire fondatrice de la maison de Montréal qui, en 1932, c'est-à-dire au plus fort de la Crise des années 1930, avait ouvert l'ancêtre du Chaînon actuel dans un petit appartement de la rue Fairmount, à Outremont, pour venir en aide aux laissées-pour-compte qui mendiaient et dormaient alors dans la rue.

Ça m'a interpelée.

J'ai passé un coup de fil à la responsable des bénévoles, qui n'a eu aucun mal à me convaincre de venir faire ma part. En raccrochant, j'ai promis que je la rappellerais en septembre, ce que j'ai fait.

J'ai d'abord été affectée aux cuisines. Tout part de là, au Chaînon. On m'a ensuite transférée à l'Administration. Mon travail consistait à m'enquérir des besoins des différents chefs de service et à tâcher de leur obtenir des produits et des services, en sollicitant les compagnies et les commerces intéressés à faire leur part. Ce travail me prenait souvent jusqu'à 45 heures par semaine, mais je ne m'en plaignais surtout pas.

Un jour, parce que le Chaînon avait du mal à payer ses factures courantes et les salaires de ses employés et parce que nous commencions à manquer de place pour entreposer les dons en nature qui affluaient de partout, j'ai eu l'idée d'organiser les «Bazars annuels du Chaînon». Je m'en suis occupée durant plus de quinze ans et je recommencerais sans hésiter.

Je pourrais vous en parler durant des heures, mais c'est de mon premier Noël au Chaînon que je veux surtout vous entretenir. Pour le reste, je vous réfère à l'excellent livre de Sylvie Halpern, paru chez Stanké en 1998 et intitulé *Le Chaînon, la maison de Montréal.*

Mon mari et moi avons rapidement pris l'habitude d'assister à la messe de minuit du Chaînon et, chaque fois que nous y retournons, c'est à la petite Sylvie et à notre premier Noël à la chapelle de l'institution que nous repensons.

Sylvie était une «pensionnaire» du Chaînon. Son histoire était triste à mourir et il n'y avait qu'à la regarder pour saisir l'immensité de sa détresse. Je l'avais tout de suite remarquée, probablement parce que je sentais qu'elle m'observait. Mais j'avais beau m'y prendre de toutes les façons, elle ne se laissait pas approcher. Elle était froide comme un glaçon.

Une fois, j'ai essayé de lui prendre la main. Elle a eu un mouvement de recul qui m'a fait de la peine parce qu'il ressemblait à de la répulsion. Je ne me suis heureusement pas découragée. Je n'ai jamais cessé de lui sourire et de lui montrer que je m'intéressais à elle. Je dis «heureusement» parce que je sais aujourd'hui qu'elle me mettait à l'épreuve. Elle voulait être sûre de la pureté de mes intentions.

Je ne savais pas qu'elle y serait quand mon mari et moi avons assisté à notre première messe de minuit au Chaînon. Elle y était. Elle était toute petite...

Je lui ai dit «bonjour» en ne m'attendant à rien de particulier de sa part, mais, à ma grande surprise, elle m'a souri. Un beau, un grand sourire. Rien que ça, mais tout ça en même temps.

Un peu plus tard, à la chapelle, Sylvie est venue d'elle-même se placer entre nous deux. Elle a mis ses deux petites mains dans les nôtres et c'est le cœur rempli d'un immense bonheur que nous avons assisté à la messe de minuit. Ce fut, de loin, le plus beau Noël de ma vie.

Je l'ai revue et nous sommes devenues proches l'une de l'autre, mais rien n'égalera jamais en intensité ou autrement l'extraordinaire sensation de plénitude que j'ai ressentie cette nuit-là.

J'ai connu d'autres pensionnaires du Chaînon et je les ai toutes aimées. Je pense à cette jeune fille enceinte qui avait pris son congé du Chaînon pour aller accoucher toute seule dans un hôpital froid et anonyme, à Monique, cette itinérante que, de leur propre aveu, les policiers chassaient à grands coups de pieds au derrière des endroits publics où elle cherchait un peu de réconfort, mais, au fond de mon cœur, il y aura toujours une grande place pour la petite Sylvie.

Voulez-vous que je vous dise? Je les aime toutes, ces femmes-là. Joyeux Noël à tous et à toutes.

Thérèse GODIN
Les Verrières du Golf

Le pain des anges

Perdre sa mère en bas âge est une expérience traumatisante. On ne s'en remet jamais tout à fait. J'avais cinq ans quand j'ai perdu la mienne et il m'a fallu apprendre à vivre avec un certain nombre de séquelles.

J'ai appris à me débrouiller toute seule dans un monde d'hommes, avec cinq frères turbulents et un père qui, pour faire vivre sa famille, réservait l'essentiel de son temps à la Canada Packers.

Comme il ne trouvait personne pour s'occuper de nous, il nous a placés à l'orphelinat : mes frères dans une crèche dont j'ai oublié le nom et moi, à Saint-Henri, à l'orphelinat Sainte-Cunnégonde. Il venait nous voir aussi souvent que possible et s'arrangeait pour que mes frères et moi gardions le contact.

Je m'ennuyais de mes hommes, mais, à l'orphelinat, on apprend vite à garder ses émotions pour soi. Pour survivre à la mort de ma mère et à l'éclatement de ma famille, je me suis fait une carapace.

Vers l'âge de sept ans, j'ai attrapé une otite aigüe. Les religieuses ne s'en sont pas aperçues tout de suite et, avant qu'elles n'aient eu le temps de réagir, mon otite a dégénéré jusqu'à devenir une mastoïdite.

Quand j'ai finalement pu voir un médecin, quelques jours avant Noël, il m'a immédiatement fait admettre à l'hôpital Sainte-Justine. Fondé par la première femme médecin canadienne-française, le docteur Irma LeVasseur, et par Justine Lacoste-Beaubien, l'établissement avait été créé dans un contexte où un enfant sur quatre n'atteignait pas l'âge d'un an et il passait pour être le meilleur hôpital pour enfants au pays.

Les journées devaient être bien longues à Sainte-Justine, mais j'étais une petite fille si sérieuse pour son âge que le personnel de l'hôpital ne s'en apercevait pas trop.

Heureusement qu'il y avait mon père. Il venait me voir aussi souvent que possible et il me donnait chaque fois des nouvelles de mes frères.

Quelques jours avant l'opération, une infirmière m'a rasé la tête.

— Tu vas voir, ma petite Pauline, en repoussant, tes cheveux vont friser.

Ce n'était pas vrai, mais ça dédramatisait un peu la situation...

Je me suis parfaitement remise de l'opération, mais mon état nécessitait des soins que les religieuses de l'orphelinat n'étaient pas en mesure de me prodiguer.

— Vous allez passer Noël à l'hôpital, ma fille. Nous allons prendre bien soin de vous.

J'imagine que ça m'a fait quelque chose, mais honnêtement, je ne m'en souviens plus très bien.

La veille de Noël, mon père est venu me voir. Il devait être bien triste... Ma mère, mes cinq frères et moi devions lui manquer terriblement, mais il s'est employé à me remonter le moral.

Je l'ai regardé partir en mordant ma couverture pour ne pas pleurer.

Vers les neuf heures, les religieuses sont venues me voir. Je crois me rappeler qu'elles avaient l'air coquin, mais c'est peut-être le fruit de mon imagination. Ça se passait en 1937, après tout.

— Avez-vous fait votre première communion, ma petite Pauline?

— Euh... Oui... Non... Je ne pense pas...

— Aimeriez-vous la faire cette nuit?

Une des religieuses s'est absentée. Elle est revenue bien vite avec une robe blanche et un grand voile. Je n'avais jamais rien vu d'aussi beau de ma vie. Je ne comprenais pas trop ce qui se passait, mais je sentais confusément que cette nuit-là serait magique.

Je réalise aujourd'hui que la robe n'était pas arrivée là toute seule et que les religieuses n'auraient jamais pu me faire communier sans la permission expresse de mon père, mais, sur le coup, je ne pensais à rien d'autre qu'à essayer ma belle robe.

— Cette nuit, vous allez goûter le Pain de Vie et communier avec le Jésus de la crèche.

Je me souviens encore de la balustrade de la chapelle et des cantiques de Noël que les religieuses chantaient en me regardant... À un moment, nous avons remonté l'allée principale et nous sommes allées déposer le petit Jésus dans la crèche.

J'ai senti cette nuit-là qu'il y avait un Paradis, que ma mère devait s'y trouver et qu'elle devait être bien fière de moi.

Vers les minuit, j'ai finalement goûté la Pain des Anges et ce fut véritablement le plus beau Noël de ma vie.

Deux ou trois ans plus tard, mon père a rencontré une ex-amie de ma mère, un ange elle aussi et qui aimait assez mon père pour accepter de l'aider à élever ses six enfants.

Elle a dû en arracher, la pauvre. Mes frères étaient de véritables petits monstres et il m'arrivait de mettre la main à la pâte...

Quand elle en avait assez, elle courait s'asseoir dans l'escalier et pleurait un bon coup.

— J'en ai assez. Je m'en vais. C'est trop dur...

Quinze minutes après, elle essuyait ses larmes et retournait dans la maison.

C'est ma mère qui aurait été fière d'elle.

Pauline SAINT-CYR
Le Cavalier

Petit Luc

Trente ans ont passé, mais il y a quelques années seulement que ma sœur et moi sommes capables de reparler de lui. Je ne prendrai pas de détours, mais avant d'entrer dans le vif du sujet – et pour m'aider à prendre mon erre d'aller –, je vais commencer par vous raconter mon plus beau Noël à l'orphelinat.

Je suis rentré à l'orphelinat de l'Immaculée-Conception à l'âge de six ans et j'y suis restée jusqu'à l'âge de quatorze ans. Nous n'étions pas de vrais orphelins, mais les religieuses avaient accepté de nous prendre, mes six frères et sœurs et moi, parce que nos parents s'étaient séparés dans des circonstances dramatiques qui avaient mené à l'éclatement de notre famille. Pour elles et pour le reste de la société, nous étions des orphelins de fait et elles nous traitaient comme tels.

Pour une raison qui m'échappe encore aujourd'hui, nous ne nous croisions pas souvent. Une fois par mois, les bonnes sœurs nous réunissaient à la buanderie et nous laissaient un gros vingt minutes pour prendre des nouvelles les uns des autres. C'était à peu près tout.

Durant le temps des fêtes, les religieuses rappelaient à leurs petits orphelins que les «bienfaiteurs» viendraient bientôt les voir. Les bienfaiteurs, c'étaient les Chevaliers de Colomb de Chicoutimi et, chaque année, ils nous organisaient une petite fête pour nous rappeler que nous n'étions pas seuls au monde.

J'attendais cette journée-là avec impatience. Il n'y avait pas de musique à l'orphelinat et les bienfaiteurs venaient avec une fanfare. Un pur bonheur!

La veille de l'événement, les bonnes sœurs nous faisaient répéter.

— Demain, quand les bienfaiteurs viendront, il faudra bien répondre à leurs questions.

— Chœur des orphelins: Oui, ma Sœur!

— Nous allons répéter. Êtes-vous bien traités à l'orphelinat?

— Chœur des orphelins: Nous sommes très bien traités à l'orphelinat.

— Bien. Êtes-vous heureux à l'orphelinat?

— Chœur des orphelins: Nous sommes très heureux...

Les sœurs veillaient à ce que nous ne soyions jamais seuls avec les bienfaiteurs...

Mon Noël à moi, c'était la fanfare. Je l'écoutais jouer avec délectation et j'en oubliais tout le reste.

Mais revenons à Petit Luc. Nous voici en 1970. Je suis mariée et j'ai trois merveilleux fils: André, Michel et Daniel. Cette année-là, mon mari Gaétan et moi recevons toute la famille chez nous, à Saint-Eustache, pour le réveillon de Noël. Il y a tellement de monde que mon mari a installé un grand panneau de contreplaqué sur la table de billard du sous-sol.

Je suis particulièrement heureuse parce que Petit Luc, le fils de ma sœur Gisèle, a l'air de s'amuser. Il mange, il chante, il danse. Cet enfant-là est beaucoup plus qu'un neveu pour moi. Le lien qui nous unit est de ceux qui ne s'expliquent pas.

Ma sœur me glisse à l'oreille qu'il était fou de joie quand il a su qu'il réveillonnerait chez sa tante Huguette.

Petit Luc a onze ans. Il est malade. Ses problèmes intestinaux et sa mauvaise digestion lui rendent la vie misérable. Ses poussées de fièvre l'empêchent de se mêler aux autres enfants et de participer à la plupart de leurs jeux. Je n'en revenais pas de le voir s'amuser avec les autres. Ce fut une soirée mémorable.

À la fin, quand ils se sont tous préparés à rentrer chez eux, je me suis approchée de Petit Luc.

— As-tu passé une bonne soirée ?

— C'est le plus beau Noël de ma vie, ma tante.

Ses yeux brillaient, mais, cette fois, ce n'était pas la fièvre. Il était fatigué, comme le sont la plupart des petits garçons quand ils ont «mené le diable» toute la journée, ivre de toutes les bonnes choses qu'il avait mangées sans retenue.

Je l'ai serré dans mes bras.

— Bonne nuit, petit Luc.

À la fin du réveillon, mon mari et moi avons mis tout ce que nous n'avions pas mangé dans des sacs et nous sommes allés porter tout cela chez mon amie Pauline Bigras qui avait adopté deux petits enfants noirs et qui n'arrivait pas à joindre les deux bouts.

— Bonsoir, Pauline. Est-ce qu'il y a encore des choses à manger dans ton frigo?

— Plus rien. Le frigidaire est vide.

— Pas pour longtemps... tiens!

Nous lui avons donné les tourtières que nous avions apportées, des tartes, de la dinde et tout ce qu'on met sur la table à Noël.

Ce soir-là, j'ai bien dormi. J'avais bien réussi mon réveillon, Petit Luc s'était amusé comme un fou et, grâce à nous, mon amie Pauline et ses deux petits enfants avaient réveillonné comme tout le monde.

Ça aurait pu être l'épilogue de cette histoire, mais il faudra attendre au 1er septembre de l'année suivante.

Ce jour-là, le ciel nous est tombé sur la tête, à ma sœur et moi. Petit Luc se baladait en vélo quand il a été happé mortellement par un chauffard. Il est mort sur le coup.

Dans ma tête, dans mon ventre et dans mon cœur, Petit Luc a toujours onze ans. Je le porte en moi. Ma

sœur et moi commençons à peine à être capables de reparler de lui. Elle m'a d'ailleurs permis de vous raconter
son histoire.

Vous me croirez si vous voulez, mais il a été heurté à mort
sur la route de Lotbinière, à Vaudreuil-Dorion, tout près
de la résidence pour personnes retraitées dans laquelle
nous avons emménagé il y a quelques mois à peine.

Je me dis que c'est le hasard, mais est-ce vraiment le
hasard?

Puisse-t-il vivre à jamais dans ces pages...

Bon Noël, Petit Luc.

Huguette BOUCHARD
Le Félix Vaudreuil-Dorion

Le lapin du Bon Dieu

Mon histoire remonte au 25 décembre 1944. J'avais 14 ans et j'habitais à Baarn, en Hollande, dans les Pays-Bas. Mon père était prisonnier des Japonais, sur l'île de Sumatra, en Indonésie, et mon frère vivait chez un oncle à Ulrum, dans le nord du pays, où il y avait assez à manger pour tout le monde. Avec un peu de chance, je me serais retrouvé chez mon oncle à la place de mon frère, mais il ne restait qu'une toute petite place dans sa voiture et c'est le plus petit qui en avait hérité.

À Baarn, c'était la famine. Nous étions rationnés. Le gouvernement distribuait des coupons de ravitaillement. Je me rappelle que nous avions droit à 400 calories par jour et à quelques morceaux d'anthracite, qui nous permettaient de maintenir une température de 58° Fahrenheit dans le salon (la seule pièce chauffée) et de cuire les aliments.

Je m'étais fait à l'idée que ma mère et moi n'aurions pas grand-chose à manger, ce Noël-là. Quelle ne fut donc pas ma surprise quand je la vis ramasser son petit panier à provisions et se diriger vers la porte de sortie!

— Je m'en vais au marché.

— Au marché?

Il ne lui restait plus de coupons de ravitaillement et je savais bien qu'elle n'avait pas d'argent. Je me demandais un peu ce qu'elle avait imaginé pour égayer notre dîner de Noël.

Quand elle est revenue, elle souriait de toutes ses dents. Elle posa son petit panier sur la table de cuisine et me demanda d'essayer de deviner ce qu'elle avait trouvé au marché. Son panier était recouvert d'un morceau de tissu. J'ai rapidement donné ma langue au chat.

— Je ne sais pas, moi... Des légumes?

Elle ne me fit heureusement pas languir trop longtemps.

— Voilà!

Elle venait de tirer un lapin de son chapeau.

— Je vais nous cuisiner un bon civet de lapin. Tu verras, c'est délicieux.

Le lapin de ma mère avait une drôle de mine. Même qu'à vue de nez, comme ça, on aurait dit un chat... Je regardais le chat, je regardais ma mère, et je me disais qu'elle ne pouvait pas ne pas s'en être aperçue.

Je l'ai regardée préparer son «lapin», le mettre dans sa grande casserole et le déposer sur un des ronds du poêle. Je n'ai rien dit parce que je ne voulais surtout pas gâcher son plaisir... et puis, nous avions faim. Si vous avez déjà été privés de nourriture, vous avez déjà compris qu'on est moins regardant quand on a faim.

Elle était heureuse de me voir manger de si bon appétit.

Je n'oublierai jamais cette soirée-là. Le «lapin du Bon Dieu» qu'avait déniché ma mère goûtait bien un peu le lièvre, mais bon...

Nous pensions à mon frère, qui devait avoir mangé à sa faim chez mon oncle, et à mon père, qui croupissait dans une cellule à Sumatra et qui devait penser à nous.

En avril de l'année suivante, des bataillons de soldats canadiens ont mis les Allemands en déroute et ont libéré ma chère Hollande. Plusieurs d'entre eux se sont présentés à nous dans des chars allemands.

Dire que j'étais étonné serait trop peu dire. Je me suis adressé à un soldat canadien.

— Qu'est-ce que vous faites dans ce char allemand? lui ai-je demandé.

— Ils sont plus confortables que les nôtres, a-t-il simplement répondu.

Je me suis dit que je n'aurais aucun mal à vivre dans un pays où les habitants pensent de cette façon-là.

Une vingtaine d'années plus tard – j'étais alors ministre du Culte protestant –, on m'a envoyé en mission au Canada et j'y suis toujours.

Juste avant la victoire finale des Alliés, en 1945, nous avons reçu, coup sur coup, deux lettres de mon père. Il nous annonçait que les Japonais avaient accepté de le libérer et qu'il rentrerait bientôt à la maison.

Les deux jours qui suivirent furent des jours de bonheur. Vous dire les rêves que j'ai échafaudés durant ces trop courtes 48 heures...

Je repensais à ce qu'il m'avait dit quelques années auparavant.

— La seule loi qui compte, mon garçon, c'est la loi de Dieu. N'attends rien de celle des hommes.

Ça m'avait touché. Il est d'ailleurs possible que ces quelques mots de mon père soient à l'origine de ma vocation.

Au matin du troisième jour, nous reçûmes une troisième lettre. Elle émanait de l'armée américaine. On nous y apprenait que mon père avait été exécuté par un groupe de rebelles dans les minutes qui avaient suivi sa libération.

Nous sommes tombés de haut.

Allez savoir pourquoi le lapin de ma mère est, de tous les souvenirs que je garde de ce temps-là, celui qui m'est le plus cher. Nous n'avions pourtant rien à manger, mon frère vivait chez mon oncle, les Canadiens venaient de libérer la Hollande et mon père avait été exécuté par les Japonais dans les minutes qui avaient suivi sa libération. Chacun de ces souvenirs aurait pu occulter tous les autres, et pourtant...

Adrian VERMONT
Ambiance

Le secret de Théodule M.

Dans ma famille, il y avait deux ou trois choses dont nous ne parlions jamais. Le «secret» de mon grand-père Théodule, notre aïeul à tous, était une de ces choses-là. Il se disait parfois, entre les branches, qu'il avait fait de la prison, mais c'était à peu près tout. Il n'y avait que sa compagne, Fleur-Ange, à savoir et elle lui avait juré qu'elle tiendrait sa langue aussi longtemps qu'il l'exigerait.

Jugez de notre surprise quand la poste nous apporta, au début du mois de décembre 1941, le carton d'invitation que voici (je le reconstitue de mémoire) :

Chers enfants,
Je viens tout juste d'avoir 90 ans. Ma Fleur-Ange dit que l'heure est venue et que mes enfants ont le droit de connaître la vérité. Je pense, comme elle, que c'est le moment ou jamais. J'invite donc mes douze enfants, leurs conjointes et leurs conjoints, mes 43 petits-enfants, leurs 21 conjointes et conjoints, et mes sept arrière-petits-enfants à se joindre à Fleur-Ange et à

moi, le 25 décembre prochain, à l'auberge de (...)
dans le village où je suis né.
Théodule M.

La lettre de Théodule eut l'effet d'une bombe dans la famille. Nous allions enfin savoir. Les trois semaines qui suivirent furent les plus longues de ma vie.

Le 25 décembre arriva enfin. Mes parents nous endimanchèrent et c'est le cœur joyeux que nous primes le train qui allait nous emmener dans le petit village où notre aïeul était né, en 1851.

Tout le monde était là et mon grand-père attendit qu'il soit six heures pile avant de prendre la parole. Il avait pris un coup de vieux depuis la dernière fois.

— Mes chers enfants. Fleur-Ange et moi sommes heureux de constater que tous les membres de notre grande tribu sont là. Tout à l'heure, le Père Noël vous remettra à tous une enveloppe dans laquelle vous trouverez ma confession et votre part d'héritage. En attendant, je vous prie de passer à table. C'est Fleur-Ange qui a cuisiné le repas principal et elle tient à ce que vous mangiez chaud.

Grand-maman Fleur-Ange avait fait assez de tourtières pour nourrir un régiment et nous avions tous le ventre bien tendu quand nous quittâmes la table, aux alentours de huit heures et demie.

La table fut desservie en un rien de temps et le personnel de l'auberge installa une dizaine de rangées de chaises pliantes, en face d'une petite estrade qu'on avait fait monter pour l'occasion.

Il y avait une double porte derrière l'estrade. On nous avait annoncé que le Père Noël l'ouvrirait à neuf heures pile et qu'il inviterait, à tour de rôle, chacun des membres de la famille à venir le rejoindre «sur scène» pour la remise des enveloppes.

Il devait être neuf heures dix quand une escarmouche éclata derrière les portes closes. Des cris étouffés, des sacres et des bruits de chaises qu'on fracasse contre un mur...

Ma tante Alice fut la première à réagir.

— Ça se bat, là-dedans. Allez voir, quelqu'un.

Aussitôt dit, aussitôt fait. Trois de mes oncles se ruèrent sur l'estrade et ouvrirent les portes toutes grandes sur une scène d'apocalypse.

Il y avait là deux pères Noël qui se battaient comme des chiffonniers. Dans le coin gauche, mon oncle Prime, un grand six pieds qui passait pour être le «boulé[1]» de la place. Son costume de Père Noël était déchiré. Dans le coin droit, mon oncle Janvier, le plus ventripotent des descendants de mon grand-père Théodule. Il essayait d'échapper à la fureur de l'autre Père Noël, qui hurlait qu'il allait lui faire bouffer sa barbe.

— Il est saoul comme un cochon, beugla l'épouse de mon oncle Prime.

Heureusement, il y avait assez de bons hommes dans l'assistance pour venir à bout des deux pères Noël.

---

1. Boulé : anglicisme. Voir *bully* qui signifie dur, brute.

Quand ils eurent repris leurs sens, chacun donna sa version des faits. Les deux avaient trop bu et se disaient convaincus d'avoir été personnellement désignés par leur père pour tenir le rôle du Père Noël.

En fin de compte, ce fut ma petite nièce, Jeanne, qui trouva le moyen de résoudre l'affaire.

— Maman me force à embrasser mon petit frère quand je me bagarre avec lui...

Soutenue par tous les membres de la famille, elle se mit à scander les mots qu'utilisait sa mère quand les enfants se tiraient par les cheveux.

— Bi-sou, bi-sou, bi-sou, bi-sou!

De guerre lasse, les deux pères Noël se sautèrent au cou en riant à gorge déployée.

Il devait être dix heures quand grand-maman Fleur-Ange distribua les enveloppes. Dans la mienne, il y avait un chèque de mille dollars et la confession de Théodule.

Chacun d'entre nous prit connaissance de la lettre de notre aïeul. L'émotion était à trancher au couteau. Tout le monde pleurait.

Au bas de l'unique petite page, il y avait d'écrit :

Cette histoire vous appartient désormais, mais je vous demande de ne la répéter à personne d'autre qu'à ceux de notre lignée.

Mon oncle Prime s'approcha de Théodule et le prit par le cou.

— Papa, je te demande de nous bénir.

Et, se retournant vers nous :

— À genoux, tout le monde.

— Je n'ai plus le droit de vous bénir, les enfants. En plus, le Jour de l'an, c'est la semaine prochaine.

Ce fut encore ma petite nièce qui trouva le moyen de dénouer l'impasse. Elle se jeta au cou de Théodule en le couvrant de bisous.

— Nous sommes tous fiers de toi, murmura Fleur-Ange à son oreille quand l'aïeul de la famille, qui allait mourir l'année suivante, eut béni chacun de ses cent descendants.

Ce fut le plus beau Noël de ma vie et je suis fier d'écrire qu'à ma connaissance, personne n'a encore trahi le secret de mon grand-père Théodule.

ANONYME
Elogia

95

Les petits papiers

Je suis d'origine espagnole. Je suis née au Maroc, j'y ai été élevée, j'y ai pris mari et j'y ai vécu jusqu'à ce que mes enfants soient grands. Nous avons immigré au Québec il y a maintenant plusieurs années. J'ai trouvé ici une société accueillante et je m'y suis épanouie en tant que femme.

Ma mère est morte en couches quand j'avais trois ans et mon père, avant de filer à l'anglaise, a eu la bonne idée de me confier aux bons soins de mémé Angèle et de ma tante Françoise, la sœur de ma mère.

J'ai grandi avec mes deux cousines, qui avaient respectivement sept et neuf ans de plus que moi, dans une modeste villa très bien entretenue par ma grand-mère, qui élevait des poulets, des coqs de bruyère, des canards et des pigeons. Mes cousines passaient la semaine au pensionnat, d'où les ramenait, chaque vendredi soir, ma tante Françoise après son quart de cuisinière en chef. Je venais d'avoir sept ans quand j'y suis devenue pensionnaire à mon tour.

Nous prenions souvent l'air sur la véranda, tout juste à côté d'une belle et grande tonnelle le long de laquelle grimpaient de belles grappes de raisins verts et noirs. Des lianes de chèvrefeuille couraient sur le petit muret de pierres qui clôturait la villa, en laissant derrière elles un bouquet d'arômes qui se mêlaient au parfum des confitures qui mijotaient toute la journée.

N'ayant pas de jouets ni même une petite copine à qui j'aurais pu confier mes petits et grands secrets, je jouais à la poupée dans le poulailler de ma grand-mère.

Je ne me souviens pas de tout, mais je suis certaine d'avoir baptisé au moins un poussin. J'ai enrubanné un petit coq de bruyère le jour de son ixième anniversaire, j'ai joué à la poupée avec les poussins et les pigeonneaux les plus dociles et, quand j'étais en veine d'inspiration, je tendais une petite corde à linge entre deux poutres et je glissais une draperie quelconque dessus en guise de rideaux de scène. Je créais de petites saynètes mettant en vedette les plus doués des volatiles du poulailler.

Ça va vous étonner, mais je rêvais de voir un jour le Père Noël descendre dans notre cheminée. J'avais beau savoir qu'il venait du froid et qu'il ne voyageait qu'en traîneau, j'avais du mal à comprendre pourquoi il ne se pointait jamais le bout du nez au Maroc. Dans ma tête de petite fille, les dunes de sable de mon pays valaient bien les bancs de neige des pays nordiques.

On l'ignore généralement, mais il y a des foyers dans presque toutes les maisons au Maroc. Quand il fait froid, on y brûle un peu de bois.

Il y avait une petite chapelle catholique à côté du couvent où mes cousines et moi pensionnions toute la semaine et le curé y célébrait chaque année une messe de minuit qui ressemblait à celles d'ici. On y chantait le *Minuit, Chrétiens* et les autres cantiques traditionnels. À la maison, le jour de Noël, les gens ouvraient les fenêtres et les volets à leur pleine grandeur et ils se faisaient des feux de foyer.

Chez nous, il y avait un arbre de Noël artificiel (il y a pourtant de vrais sapins au Maroc). Comme nous n'avions ni boules de Noël ni guirlandes d'aucune sorte, nous le décorions avec les moyens du bord.

J'avais onze ans quand mes cousines, ma tante et ma grand-mère m'ont invitée à mettre la main aux préparatifs de Noël, une opération qui allait s'étendre sur plusieurs mois.

Ma tante et moi formions une bonne équipe. Elle me demandait de conserver précieusement chacun des petits bouts de papier de couleur et les petites lamelles de matière brillante qui enveloppait les petits chocolats qu'elle m'offrait tout au long de l'année. Elle me refilait des dizaines de trucs. Elle m'apprenait, par exemple, à découper des étoiles dans les petits bouts de carton que nous arrivions à récupérer. Je les emballais dans des papiers de couleur. Je recyclais les boules de coton pour en faire de la neige.

Mémé Angèle, ne voulant pas être en reste, avait modelé le petit Jésus de la crèche dans un morceau de pâte durcie.

Cette année-là, nous avons si bien travaillé que nous avons pu offrir à tous ceux et à toutes celles que nous aimions toutes sortes de cadeaux fabriqués de nos mains. Un tricot, une boîte de petits gâteaux, des biscuits... et notre sapin était le plus beau et le mieux décoré de tous les arbres de Noël du monde.

J'avais récupéré, au jour le jour, tous les petits bouts de papier, tous les emballages, toutes les boules de coton, toutes les lamelles, toutes les paillettes et tout ce qui pouvait servir.

Ma tante avait loué un petit espace à la pâtisserie et je l'avais aidée à confectionner des tonnes de biscuits.

J'avais aidé ma grand-mère, qui soignait elle-même ses petits animaux, à les endormir en leur donnant à manger de la mie de pain enrobée de vin rouge et à réparer leurs petites pattes cassées en les bardant de farine séchée et en les ceinturant de petits bouts de bâton.

Cette année-là, en participant aux préparatifs de Noël avec ma tante Françoise et mémé Angèle, j'ai compris que je n'étais plus toute seule, que ma mère vivrait à jamais dans mon cœur et que mon père, qui ne m'écrivait pas et qui ne venait jamais me voir, devait m'avoir beaucoup aimée puisqu'il m'avait laissée entre de si bonnes mains.

Ce Noël rempli d'amour et de petits miracles fut, et de loin, le plus beau Noël de ma vie. Je suis heureuse d'avoir pu le partager avec vous.

Denise A. Ruiz
Les Verrières du Golf

Noël en trois temps

J'ai pris mari le 8 septembre 1951, à Outremont. Le surlendemain, l'élu de mon cœur et moi avons bouclé nos valises et transporté nos pénates à San Antonio, au Texas, où l'attendait un emploi dans une station de télévision locale.

Ne parlant pas un traître mot d'anglais, j'ai eu du mal à m'adapter, mais je me suis relevé les manches et j'ai utilisé un truc que m'avait refilé mon mari.

— Sers-toi du catalogue Sears.

Le truc était simple. J'essayais de me faire comprendre par signes et quand je n'y arrivais pas, je pointais la photo, le pictogramme ou l'illustration qui ressemblait le plus à ce que j'essayais de dire. J'apprenais en même temps le terme anglais correspondant.

Au restaurant, je me contentais de commander les plats illustrés. D'une certaine façon, je n'avais pas vraiment le temps de m'ennuyer.

Un matin de décembre, nous recevons un appel téléphonique. Mes beaux-parents nous annoncent qu'ils viendront réveillonner avec nous.

— Nous arriverons le 24...

Étant la cadette d'une famille de huit enfants, je n'ai pas eu l'occasion d'apprendre à cuisiner. C'est à peine si je sais faire cuire des rôties.

Un réveillon pour la belle-famille? Je ne suis pas sortie du bois, mais je veux bien essayer.

J'ai commencé par téléphoner à ma mère, qui a réagi en me postant ses meilleures recettes du temps des fêtes. C'était déjà un début, mais je me disais que je ne pourrais jamais réussir ses vieilles recettes du premier coup.

Je me suis fiée sur ma débrouillardise naturelle et sur les pictogrammes du catalogue Sears pour acheter tous les ingrédients de base, mais je ne m'en serais jamais tirée s'il n'y avait pas eu Aunt Rosie...

Aunt Rosie donnait des leçons de cuisine aux téléspectateurs de la station de télévision où mon mari travaillait. C'était une femme généreuse. Elle m'invita en studio et m'apprit à cuisiner toutes sortes de mets. Elle me refila des trucs pour réussir mes beignes, mes carrés aux dattes et mes tourtières.

Le repas fut à peu près réussi, mais ce qui l'emporta sur toutes les autres considérations fut la nouvelle que je leur annonçai au dessert.

— Beau-papa, belle-maman, je vais avoir mon premier bébé.

Étant eux-mêmes les parents de onze garçons qui ne leur avaient donné que des petites filles, ils espéraient sans trop le dire que nous leur donnerions un garçon.

Ils furent exaucés, puisqu'au cours de l'année suivante, je donnai naissance à un magnifique petit Texan que nous avons baptisé André. C'est d'ailleurs lui que vous apercevez sur cette photo, prise le 25 décembre 1952.

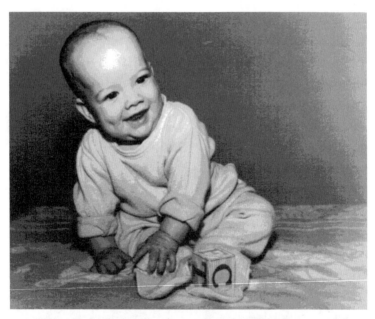

Une autre petite fille, la belle Michelle, naquit à San Antonio. Elle avait sept mois quand nous avons déménagé au Lac-Saint-Jean, où Paul s'était déniché un emploi de directeur général à CKRS-TV, la station de Jonquière. Nous avons atterri au Lac le 1ᵉʳ décembre 1955, avec un petit garçon de deux ans, une petite fille de sept mois... et un troisième bébé à naître autour du premier janvier.

Il nous a fallu trouver des vêtements d'hiver, une maison... Pour tout vous dire, nous avons couru jusqu'à Noël. André et Michelle n'avaient jamais vu un seul flocon de neige de leur vie. Il fallait entendre leurs OHHH et leurs AHHH...

J'étais arrivée seule, avec les enfants. Paul était resté à San Antonio, le temps de vendre la maison et de ramener notre mobilier et nos effets personnels.

J'avais un beau-frère et une belle-sœur à Arvida et ils nous ont reçus pour Noël. Pendant que les enfants faisaient connaissance avec leurs oncles, leurs tantes et leurs petites cousines, ma belle-sœur m'a présentée à son médecin. J'ai accouché de mon petit Alain le 1ᵉʳ janvier 1956, à minuit quarante. Ce fut le premier bébé à naître à Arvida cette année-là.

En 1960, Paul reçut une bourse du Conseil des Arts, qui devait lui permettre de poursuivre un stage de perfectionnement en Europe. Il demanda et obtint une aide supplémentaire du ministère des Affaires culturelles, qui lui permit d'emmener sa petite famille avec lui.

Nous avons fait la traversée en bateau. André avait alors huit ans, Michelle en avait sept et Alain, quatre. Durant les mois qui suivirent, ils nous ont accompagnés un peu partout en France et dans huit autres pays européens. Cette année-là, nous avons assisté à une messe de minuit extraordinaire au Palais de la Défense, à Paris. Nous y étions venus en métro et en autobus et nous n'avions pas assez de nos yeux pour admirer le pageant qui défilait devant nous.

Nous avons écouté un *Minuit, Chrétiens* bouleversant et pris plaisir à voir évoluer les personnages grandeur nature dans la crèche qu'on avait aménagée en face du Palais.

Le lendemain, nous avons réveillonné à Créteil, dans l'appartement de banlieue dans lequel nous nous étions installés. Nous avons mangé du poulet rôti et farci et des carrés aux dattes bien chauds nappés de crème chantilly.

Les enfants étaient survoltés. Ils avaient des questions plein la tête. Pourquoi ceci? Pourquoi cela? Où? Comment? Combien?

Ce Noël-là, comme les deux autres, fut inoubliable.

Paul et moi résidons maintenant à L'Image d'Outremont, un complexe pour retraités du Groupe Maurice. Nous avons choisi de nous y installer parce que nous sommes tous les deux des ex-Outremontais. Nos trois enfants ont participé à la prise de décision.

Le personnel est chaleureux et discret. On m'aide à prendre soin de Paul, dont la santé n'est plus ce qu'elle était. Notre appartement est ensoleillé et une brigade culinaire nous prépare des mets goûteux à chaque repas.

Cette année, Paul et moi célébrerons notre 59ᵉ Noël en famille. Nous dînerons à la résidence. Le lendemain, nous rendrons visite à l'un de nos enfants. Avec un peu de chance, Joanne, la conjointe d'Alain, nous servira peut-être encore des fraises trempées dans le chocolat, comme l'an dernier.

Joyeux Noël à tous!

Céline CARON-AUDETTE
L'Image d'Outremont

Le banquet de la Reine mère

Mon père est mort en 1938, laissant derrière lui, outre ma mère, une famille de onze enfants en bas âge. En mourant, il lui a légué un certain nombre de maisons à revenus, toutes situées à Verdun, ce qui lui a permis de nous élever plus que convenablement.

Sans être immensément riches, nous appartenions à une certaine bourgeoisie qui détonait un peu dans le paysage urbain québécois des années 1930, caractérisé par un taux de chômage élevé et une pauvreté extrême.

J'avais beau n'avoir que 13 ans, je n'en mesurais pas moins la chance que nous avions d'être nés dans une famille à l'aise et j'en rendais grâce à Dieu le plus souvent possible.

Chez nous, Noël n'était pas une fête commerciale. Le 25 décembre, c'était la fête du petit Jésus. Pas de Père Noël, pas de lutins, pas de fée des étoiles. Nous pendions nos bas de laines au chambranle de la cheminée et nous allions nous coucher. Le lendemain matin, nous y trouvions à tout coup des noix, des arachides, des lunes de miel et des fruits. Notre fête à nous, c'était le Jour de l'An.

Le premier jour de l'année commençait dans la bonne humeur. Les plus jeunes réveillaient les plus vieux en leur chatouillant les orteils. Ça donnait le ton au reste de la journée.

Quand nous étions tous frais lavés et convenablement vêtus, nous nous mettions en rang d'oignon – en commençant par les plus jeunes –, puis nous descendions l'escalier. Arrivés au rez-de-chaussée, nous allions nous poster devant la porte de la salle à manger, derrière laquelle nous entendions nos parents parler.

Le plus jeune cognait alors à la porte et demandait à notre père de bien vouloir nous bénir. C'était un des moments forts de la journée. Nous recevions sa bénédiction religieusement et nous passions à table. En l'occurrence, il s'agissait de la table de billard, convertie en table à dîner.

Nous mangions frugalement en attendant de recevoir nos cadeaux. Le moment venu et le dîner desservi, mon père les étalait sur la table de billard et c'est avec joie que nous les déballions.

Il y avait là des petits bureaux à tiroirs, des violons, un accordéon, un xylophone, des vêtements, des jeux de société... Nous nous amusions une heure ou deux, avant de monter nous changer en vue de l'évènement principal de la journée : le banquet de grand-maman.

Chaque année, ma grand-mère, qui était un peu notre Reine mère, recevait toute la famille à l'Hôtel Viger, les dames en robes longues et les messieurs en habits de soirée. Nous étions accueillis par des maîtres d'hôtel et des serveurs en livrée et gants blancs, qui nous servaient des boissons gazeuses ou des cocktails.

Sitôt que nous avions trouvé une place dans ce qui ressemblait à une salle de bal, les « mononcles » prenaient la parole. J'ai oublié combien ils étaient, mais c'était à qui raconterait les meilleures histoires, les anecdotes les plus savoureuses.

Parmi les enfants, il y en avait qui chantaient des cantiques, qui dansaient ou qui jouaient du piano, sous les applaudissements de ceux qui se trouvaient à leur portée.

Une fois – je devais avoir cinq ou six ans –, le Chef est venu nous chercher. Il nous a emmenés dans sa cuisine et il nous a fait faire le tour du propriétaire.

Après le banquet proprement dit (que je renonce à vous décrire tellement il y avait de services), un orchestre de cinq ou six musiciens, tous aveugles, invitait les convives à danser.

Nous étions dans la salle de bal de l'Hôtel Viger, les invités de ma grand-mère étaient tous costumés comme dans la grande société et la musique était à l'avenant. C'était évidemment magique.

Dans une salle attenante de l'hôtel, notre cousin prêtre prenait sur lui d'amuser les enfants en les faisant participer à toutes sortes de jeux.

La soirée atteignait son paroxysme vers les neuf, dix heures. Les musiciens remisaient alors leurs instruments et le maître d'hôtel installait un grand fauteuil en velours en plein milieu de la salle. Les lumières s'allumaient comme par enchantement et la Reine mère – une mère de 21 enfants – remontait l'allée principale jusqu'à son trône. Les invités s'approchaient d'elle dans un silence empreint d'une immense solennité. Nous avions tous conscience de vivre un moment d'exception

Quand elle jugeait que nous étions prêts, elle nous appelait un par un. Elle nous offrait alors ses vœux de bonne année et une enveloppe personnalisée dans laquelle il y avait quelques billets de banque. Elle prenait le temps de nous gratifier d'un beau grand sourire.

J'avais 38 ans quand ma grand-mère est morte, en emportant avec elle une partie de l'histoire de notre famille. Ma mère a bien essayé de reprendre la tradition en recevant les membres de sa famille à elle à l'Hôtel Queens. Tout y était : la musique, la distribution d'enveloppes... mais la magie n'opérait plus. On ne remplace pas si facilement une reine...

ANONYME
Le Cavalier

Le petit renne au nez froid

Il allait neiger jusqu'au lendemain de Noël. C'était écrit en toutes lettres dans l'édition 1926 de l'*Almanach du Peuple*: neige abondante –, juste en bas d'un article qui évoquait la mort de Quentin Roosevelt, à la fin de la Guerre 14-18, et celle de son père Théodore l'année suivante.

Mon père avait deux bibles: l'Ancien Testament et l'Almanach. Ce qu'il y avait d'écrit dans l'un et dans l'autre avait valeur d'Évangile à ses yeux et conditionnait une bonne partie de sa vie.

— Mes enfants, nous n'assisterons pas à la messe de minuit, ce soir. Il va neiger toute la nuit et les chemins ne seront pas déblayés avant le 26, et encore...

Nous habitions à Saint-Séverin-de-Beauce, une petite municipalité située à environ 194 kilomètres de Montréal, dans la région touristique de Chaudière-Appalaches, et chez nous, le déblayage des routes était au cœur de toutes les préoccupations.

— Vous le savez comme moi, les enfants. La route Xavier-Moisan est fermée et c'est tout juste si les déblayeurs vont avoir le temps d'ouvrir le rang Saint-Charles. S'il y a une chose dont on peut être sûrs, c'est qu'ils n'ouvriront pas la route Sainte-Catherine avant le milieu de la semaine prochaine. Prenez-en ma parole.

À vrai dire, mes trois petits frères et moi étions ravis de manquer les trois messes parce que, vous l'ignorez peut-être, mais avant la Révolution tranquille, il y avait deux autres messes après la messe de minuit. Nous arrivions à l'église vers 11 h 30 et nous en revenions vers les quatre heures du matin.

Nous en avions parlé entre nous et nous nous étions mis d'accord pour demander à nos parents de nous laisser aller prier le petit Jésus à la Croix du chemin.

Notre plan était le suivant.

Nous marcherions jusqu'à la Croix et, de là, nous irions faire un tour du côté de la ferme des Thiboutot. Les filles de notre voisin étaient belles à croquer. Avec un peu de chance, nous pourrions les regarder danser à travers la fenêtre de leur immense salle à manger. Nous n'avions pas pensé aux traces que nous laisserions dans la neige, mais puisque rien n'est parfait...

Il faut croire que mon père en avait vu d'autres puisqu'il refusa tout net de nous laisser y aller.

— J'ai vu neiger, les garçons. Si vous pensez que je suis naïf au point de croire que vous êtes subitement devenus assez vertueux pour marcher jusqu'à la Croix du chemin rien que pour y prier le petit Jésus, vous vous mettez le doigt dans l'œil jusqu'au coude.

Il resta évidemment sur ses positions et nous montâmes nous coucher, après avoir accroché nos bas à la cheminée, dans lesquels nous savions d'avance que nous ne trouverions rien d'autre que des fruits et des bonbons.

Quand notre mère nous tira du lit, il neigeait encore plus fort que la veille et il nous fallut nous résoudre à passer le jour de Noël encabanés. Comme il fallait s'y attendre, mon père estima que les routes étaient impraticables et que ceci et que cela... Bref, il était hors de question que nous nous rendions chez les grands-parents. C'était sans appel.

Ma mère eut l'idée de nous envoyer glisser au chemin, mais nous nous ennuyions trop de nos petits cousins et de nos petites cousines pour nous amuser entre nous.

— Ça ne nous tente pas, maman...

Elle s'offrit ensuite à nous faire nos tartes préférées, nos gâteaux préférés, mais nous étions inconsolables.

— C'est plate, maman...

Vers les cinq heures de l'après-midi, le plus jeune de mes frères poussa un cri de joie. Si vous me demandez à quoi ça ressemble, un cri de joie, je ne suis pas sûr que je serais capable de vous répondre, mais le fait est que je connaissais toute la gamme des cris de mon petit frère et, plus particulièrement, son cri de joie qui me hérissait le poil sur les bras.

Il ne se passait tellement rien en bas que nous montâmes le rejoindre à l'étage. Il regardait dehors.

— Venez voir ! Venez voir ! C'est le petit renne au nez rouge !

Il y avait un cerf de Virginie dans la cour. Mon père a toujours prétendu que c'était un jeune orignal, mais je suis sûr à cent pour cent que c'était un cerf à cause de son pelage. Il avait l'air famélique.

Il n'est pas resté longtemps dans notre vie. Une vingtaine d'heures en tout, peut-être moins.

Ma mère retourna instinctivement à ses fourneaux pendant que nous tenions conseil avec mon père.

— Il doit avoir faim. Nous allons essayer de l'approcher. Junior (Junior, c'était moi), prépare-lui une grande platée de céréales... René, trouve-nous deux ou trois belles carottes. Il y en a dans le caveau... Jules, demande à tes frères de te donner deux quartiers de pomme. Je pense bien qu'ils seront d'accord pour partager leur cadeau de Noël avec notre invité... Jean, trouve une chaudière et remplis-la d'eau fraîche. Il a peut-être soif...

Juste avant de sortir, il mit un cylindre dans le graphophone (un phonographe utilisant des cylindres pour reproduire les sons). C'était *La Charlotte prie Notre-Dame*. C'était bien un peu triste, mais ça faisait Noël et c'était tout ce qui comptait pour lui.

Seigneur Jésus, je pense à vous
Ça m'prend comme ça, y a pas d'offense
J'suis morte de froid, j'me tiens plus debout
Ce soir encore, j'ai pas eu d'chance

À notre grande surprise, le cerf vint à notre rencontre. Il n'avait visiblement pas peur de nous.

— On dirait qu'il a l'habitude des gens.

René lui tendit deux carottes qu'il mangea de bon appétit.

— Il a le nez tout froid.

— Nous l'appellerons le petit renne au nez froid, répondit mon père.

Ce fut, comme on dit, la joie dans la chaumière. Nous avons réveillonné en chantant et nous avons mangé notre dessert dehors, les deux pieds dans la neige molle et le nez dans les flocons qui dégoulinaient de nos paupières.

Il était encore là quand nous sommes montés nous coucher. Je lui ai offert le reste de ma pomme et je lui ai souhaité bonne nuit.

Nous ne l'avons plus jamais revu, mais j'aime croire que c'est le Bon Dieu qui nous l'a envoyé.

C'est à ce Noël-là que j'ai tout de suite pensé quand on m'a demandé de vous raconter mon plus beau Noël.

Joyeux Noël à tous.

ANONYME
La Croisée de l'Est

Le porte-musique
de ma grand-mère

Le Jour de l'an que je vais maintenant vous raconter n'a certainement pas été exempt de fausses notes, mais il m'a suffisamment marqué pour que j'aie envie de le partager avec vous.

La journée avait commencé par la bénédiction paternelle, une cérémonie que je n'ai jamais particulièrement appréciée.

— N'oubliez pas de demander à votre père de vous bénir, nous répétait chaque fois ma mère.

Je le faisais à contrecœur. Les autres aussi. Personnellement, je n'aimais pas me mettre à genoux devant mon père. J'acceptais mal que celui qui nous imposait sa loi tyrannique toute l'année se transforme, le temps d'une bénédiction, en père bienveillant. Pour tout vous dire, ça m'humiliait.

Ce jour-là, après avoir expédié les choses courantes, mon père avait emprunté l'auto d'un parent et nous avait emmenés chez la grand-mère Régimbald, dans le quartier Villeray. Elle nous y attendait en compagnie de son mari, de mon oncle Alain, de ma tante Laura, de notre cousine Andrée et de nos oncles Martin et Thomas. En entrant, nous nous sommes « dépoitraillés », comme on disait à l'époque, et nos manteaux gelés sont allés rejoindre ceux des autres convives sur le lit de ma grand-mère. Nous nous sommes presque tout de suite mis à table et, aux dires de ma cousine Andrée, nous avons mangé du lapin. C'est possible, encore que je ne m'en souvienne pas. Si ce qu'elle dit est exact, j'ai dû me régaler, car c'est, encore aujourd'hui, un de mes mets préférés.

Vers le milieu du repas, quelqu'un sonne à la porte. Mes grands-parents vont ouvrir et ils tombent face à face avec un inconnu qui fait une drôle de tête, l'air de dire « vous ne me reconnaissez pas ? »

Au bout d'un certain temps, les plus vieux reconnaissent mon oncle Hector Bouthier, un demi-frère de mon père. Vingt-cinq ans auparavant, il a pris la poudre d'escampette en laissant derrière lui sa femme et sa fille unique, la petite Simone, notre cousine inconnue.

Notre « Jos Branch » à nous s'était enfui aux États-Unis sur un coup de tête et avait fini par prendre racine à Flint (Michigan), dans la ville de Buick, où il avait exploité une station-service. Il se faisait appeler Frenchie... Et voilà qu'il s'était décidé à « rentrer en Canada », comme il disait.

Il a grossi, ses cheveux ont blanchi et il a l'air piteux. Dans la famille, tout le monde lui en veut, mais c'est le Jour de l'an et chacun fait ce qu'il peut pour l'accueillir en oncle prodigue.

Mon père lui présente sa petite famille. Il a l'air un peu ébranlé, ma mère aussi, mais mes frères et sœurs et moi ne ressentons rien du tout. C'est qu'il y a bien long-temps qu'il est parti. S'il y a quelque chose, je dirais qu'il nous dérange... puisqu'il y a du malaise dans l'air et que nous ne savons pas vraiment de quoi il en retourne.

Le repas s'étire bien un peu, mais ma grand-mère ne me fait pas trop languir. Elle sait que j'attends ce mo-ment-là depuis un an.

Elle se dirige vers un petit meuble en bois qu'elle ap-pelle son « porte-musique », ouvre tous les tiroirs et en extirpe une pile de partitions et de cahiers de musique.

Elle nous invite à la suivre au salon, elle se choisit un fauteuil confortable juste à côté du piano et attend qu'un premier chanteur se manifeste.

C'est naturellement mon père.

L'auteur de mes jours, qui se prend pour un grand té-nor et qui multiplie les portamentos, chante les premiers cantiques d'une voix passable... et finit par entonner un *Minuit, Chrétiens* qui ne soutient pas la comparaison avec les enregistrements de Raoul Jobin qu'il nous fait jouer à la maison, mais qui fait le travail.

Mon oncle Hector a l'air d'apprécier, en tout cas.

Le clou de la soirée, c'est comme toujours la fameuse tierce de ma grand-mère. C'est elle qui donne la note et tout le monde chante en chœur, mais, à vrai dire, il n'y a que deux notes qui ressortent : la tonique chevrotante de mon Caruso de père, qui y met naturellement toute la gomme, et la tierce de ma grand-mère, une musicienne avertie qui a de l'oreille et qui chante juste.

Coincés entre ces deux notes, mon oncle Hector, mes oncles, mes tantes, ma cousine, mes frères et sœurs et moi essayons de ne pas trop nous laisser distraire par les glissements de voix et les fausses notes de mon père.

L'ensemble est bien un peu bringuebalant, mais la tierce de ma grand-mère est si juste et nous chantons avec un tel entrain que la magie opère. C'est tout juste si mon père et mon oncle Hector ne tombent pas dans les bras l'un de l'autre.

Mon amour du chant a dû commencer au berceau (ça ne me surprendrait pas de moi), mais ce sont très certainement les inoubliables repas concerts chez ma grand-mère Régimbald qui l'ont nourri.

Je me suis endormi très tard, cette nuit-là. J'avais la tête pleine de musique et j'anticipais déjà le réveillon de l'année suivante...

Claude ROUTHIER
Vent de l'Ouest

Au petit trot...

Je suis née à Maisonnette, au Nouveau-Brunswick. J'ai 88 ans et je suis encore capable d'imiter Charlie Chaplin et la Sagouine pour faire rire mes amies, à la résidence. Je suis l'aînée d'une famille de douze enfants et j'ai la chance d'avoir encore quatre de mes sœurs et cinq de mes frères. À mon âge, c'est une grande richesse.

Mon plus beau souvenir de Noël remonte à 1932. J'avais dix ans.

La Crise faisait des ravages. Le gouvernement soutenait les familles pauvres en leur allouant une modeste allocation hebdomadaire (trois ou quatre dollars) et en leur fournissant chaque mois un gros panier de denrées non périssables.

Pour subvenir aux besoins de sa jeune famille, mon père pêchait la morue et le hareng l'été et montait aux chantiers l'hiver. Nous conservions le fruit de sa pêche et les pièces de viande qu'il arrivait à se procurer dans des tonneaux remplis d'eau et de gros sel. C'était parfois un peu trop salé, mais nous n'avions pas d'autre choix que de faire avec.

Le jour de Noël, mes parents nous donnaient à chacun et chacune une pomme ou une orange, rien d'autre. Nous ne connaissions pas le Père Noël. Nos petits amis anglophones nous parlaient souvent de leur Santa Claus à eux, mais pour nous, Noël, c'était la fête de l'Enfant Jésus. Le réveillon était frugal : une tasse de thé chaud et une pointe de pâté à la viande. S'il y avait autre chose, je ne m'en souviens pas.

J'avais dix ans, donc, quand mon père m'a invitée pour la toute première fois à l'accompagner à la messe de minuit.

Le moment venu, nous avons pris place à bord du berlot¹ rouge qui allait nous conduire à l'église. Mon père avait aligné des pierres chaudes à nos pieds. Nous disposions, en plus, d'une grosse couverture de «poils de fourrure» et d'un fanal, pour le cas où la Lune ne serait pas assez brillante. Ma mère m'avait tricoté un foulard, des bas de laine et une paire de mitaines chaudes. J'étais prête à faire face à la musique.

Quand il eut fini d'atteler notre cheval, mon père donna le signal du départ.

— Hue... hue donc, mon cheval !

Nous rejoignîmes bientôt un cortège d'une vingtaine de berlots qui arrivaient des rangs avoisinants et qui se dirigeaient vers l'église, dans un vacarme de grelots qui faisaient *gueling-guelang* dans le cou des chevaux.

C'était féérique.

1. Berlot (québécisme) : voiture hyppomobile d'hiver montée sur patins.

Il avait beaucoup neigé la semaine d'avant et nous montions et descendions des bancs de neige hauts comme le plafond de notre cuisine.

La neige était blanche, la Lune dardait ses rayons bleu nuit dans le flanc des congères, en laissant dans leur sillage des coulées de lumière qui scintillaient comme de la poussière d'étoiles.

J'avais l'impression de monter au ciel.

Arrivés à destination, nous laissâmes notre cheval dans la grange d'un voisin et nous nous approchâmes du parvis de l'église où la foule commençait déjà à se rassembler.

L'église était blanche, elle aussi.

Je ne sais plus trop comment nous nous y sommes pris, mais il était minuit pile quand nous sommes entrés.

Mon père et la plupart des hommes du rang entonnèrent aussitôt le *Minuit, Chrétiens*.

Minuit! Chrétiens, c'est l'heure solennelle
Où l'homme Dieu descendit jusqu'à nous
Pour effacer la tache originelle
Et de son père arrêter le courroux
Le monde entier tressaille d'espérance
En cette nuit qui lui donne un sauveur
Peuple, à genoux! Attends ta délivrance
Noël! Noël! Voici le Rédempteur!
Noël! Noël! Voici le Rédempteur!

(Paroles : Placide CAPPEAU, 1843)

Mon parrain accompagnait les hommes à l'orgue à pédales.

J'étais au bord des larmes.

L'émotion atteignit son paroxysme quand monsieur le Curé fit son entrée, en serrant l'Enfant Jésus contre son cœur. Il s'approcha lentement de la crèche et le déposa sur un petit lit de paille, à côté de Saint-Joseph et de la Vierge Marie.

Les femmes reniflaient et les hommes refoulaient leurs larmes.

Nous sommes restés là jusqu'à la fin des trois messes – la messe de minuit, la messe de l'Emmanuel et la messe de l'aube. Il devait être quatre heures du matin quand notre berlot rouge nous a ramenés à la maison.

Ma mère nous attendait. Elle nous a servi un bol de thé chaud et une pointe de pâté à la viande.

Je marchais encore sur des nuages quand je suis montée me coucher...

Cécile GAUVIN
Le Notre-Dame

Madame Gauvin écrit actuellement ses mémoires.

La folle virée de Featherbrain

Knowlton, 1941

En bon Irlandais qu'il était, mon grand-père avait un caractère bouillant. Il avait une petite ferme à Knowlton, sur laquelle il tirait le diable par la queue. Pour joindre les deux bouts, il «faisait des heures» chez un avocat qui venait de racheter une entreprise familiale qui élevait et produisait vingt-cinq mille canards par année au Lac Brome[1].

Il avait beau avoir marié une Québécoise pure laine, il s'entêtait à ne nous parler qu'en anglais. C'était assez bizarre.

— Grand-papa, c'est quoi, ton travail à la ferme de l'avocat?

— *I feed ungrateful ducks.*

— Ça mange quoi, un canard?

— *Lettuce, fruits, corn kernels...*

— Il en a combien de canards, ton avocat?

1. L'entreprise existe toujours. En 2006, elle produisait deux millions de canards par année.

— *Will you stop yacking, please?*
Avec ça qu'il fumait comme une cheminée et qu'il levait le coude comme un cosaque...

Il fréquentait les membres d'une petite colonie loyaliste, à Knowlton, et il était connu jusqu'à North Hatley pour aimer la castagne. Je vais peut-être vous surprendre, mais je l'adorais. Il était grognon, impatient et têtu comme une vieille mule, mais il était doux comme un agneau.

Traditionnellement, mon grand-père recevait la famille à Knowlton, le 25 décembre de chaque année. Il invitait, en plus, quatre ou cinq de ses amis irlandais à venir jouer des reels, des gigues, des *slip jigs* et des polkas. J'aimais particulièrement une pièce qui s'appelait *The Red Admiral Butterfly*. Elle faisait pleurer mon grand-père à tout coup.

Le Noël que je vais maintenant vous raconter m'a profondément marqué.

Nous sommes arrivés vers les trois heures de l'après-midi. Ma grand-mère, ma mère et une vieille dame irlandaise que je ne connaissais pas étaient déjà aux fourneaux.

— Qu'est-ce qu'on mange, ce soir?

— Tu es bien curieux, mon garçon, répondit ma grand-mère. Il va y avoir de la dinde, du jambon, des tourtières... et si ton grand-père peut finir par arriver bientôt, il y aura aussi du canard poêlé.

— Où il est, grand-papa?

— Il est parti chercher deux ou trois belles poitrines de canard. À l'heure qu'il est, il devrait déjà être revenu. Il doit s'être accroché les pieds quelque part.

Il était cinq heures quand nous l'entendîmes arriver. Il «meuglait» une chanson irlandaise en s'interrompant de temps à autre pour invectiver quelqu'un ou quelque chose.

— *Shut up, you featherbrain!*

Ma grand-mère avait beau être habituée aux extravagances de son Irlandais de mari, elle ne fut quand même pas longue à réaliser que quelque chose clochait. Elle allait sortir quand il poussa la porte d'entrée.

— %£$?#&%Ω‡¿!!!

Il titubait comme s'il avait bu toute une cargaison de bouteilles de scotch, en même temps qu'il boxait avec un sac de provisions qui bougeait comme s'il était en vie.

Tout le monde comprit qu'il n'y avait plus que deux issues possibles : ou bien il tomberait sur le derrière, ou bien il embrasserait le plancher.

Vous me croirez si vous voulez, il trouva le moyen de faire mieux. Il s'affala de tout son long sur le plancher de la cuisine en hurlant comme un possédé. Le sac toucha le sol en même temps que lui. Un canard furieux en sortit en cancanant et en gigotant comme s'il était atteint de la danse de Saint-Guy.

— *Come here, featherbrain!*

Ma grand-mère était dans tous ses états. Elle courut se réfugier dans sa chambre, le canard sur ses talons. Il commençait à lui picosser les jambes quand elle a finalement réussi à ressortir de la chambre en lui fermant la porte au nez.

— Qu'est-ce qui t'as pris de nous ramener un canard vivant ? Es-tu en train de r'virer fou ?

— *Give me my butcher's knife.*

— Tu ne vas pas te mettre à faire boucherie à ton âge ?

— *This worm's eater deserves to die.*

Quand je vous disais qu'il était têtu comme une mule... Il avait beau être saoul comme une bourrique, il n'en persistait pas moins dans son intention de plumer le malheureux volatile.

Ma grand-mère n'avait pas l'habitude de le contredire, mais c'en était trop pour elle. Elle l'aida à se relever et demanda à ses amis irlandais de le déshabiller et de le mettre au lit.

Les protestations du vieil escogriffe n'empêchèrent pas ses tortionnaires de lui enfiler son vieux pyjama et de le border dans le lit de la chambre d'amis. Il tomba aussitôt dans un sommeil comateux entrecoupé de ronflements.

Ma grand-mère décida que le mieux était de ramener la pauvre bête au Lac Brome.

Mon oncle Catfish pensait autrement.

— Papa a raison. Sa place est dans ta poêle à frire. Il a été élevé pour être mangé.

Je suis venu à la défense du coin-coin.

— Nous allons tous mourir un jour, oncle Carfish, mais pas nécessairement aujourd'hui. C'est pareil pour le canard.

Ce fut ma grand-mère qui trancha.

— Ce canard-là s'en retourne au Lac Brome. Même que je vais lui servir une platée de légumes crus et une poignée de grains de maïs pour nous faire pardonner de l'avoir maltraité.

J'aurais cru que le canard allait se débattre comme un diable dans l'eau bénite, mais il se laissa attraper sans faire d'histoire.

Mon grand-père se réveilla à la fin du repas.

— *Where is that clumsy thing?*

— Qui ça? demanda ma grand-mère.

— *I'm talking about the duck.*

— Quel canard? Avez-vous vu un canard, vous autres? Tu bois trop, mon pauvre vieux...

Ma grand-mère était bonne joueuse. Elle ne le laissa pas mariner trop longtemps. Quand il comprit que Featherbrain était rentré au Lac Brome, il se montra beau joueur à son tour et porta un toast à sa santé.

— À la santé de Featherbrain, le roi des conards.

Il avait dit cela en français.

— Tu parles français, grand-papa?

— *No way!*

— Mais...

— *Shut up, you yacking son of a gun. Guys* (il s'adressait à ses amis musiciens), *now it's time to blow the house down!*

Nous avons dansé jusqu'aux petites heures.

Ce fut, et de loin, le plus beau Noël de ma vie. Allez savoir pourquoi...

Anonyme
La Croisée de l'Est

Il était un petit navire

Décembre 1944

Ma mère a monté et décoré notre arbre de Noël, comme d'habitude. Elle fait de son mieux pour que ma jeune sœur et mes deux petits frères ne se doutent de rien. Papa est le capitaine d'un petit navire à fond plat qui transporte de la bauxite sur les Grands Lacs. Il a librement choisi d'aider les Américains à combattre ce qu'ils appellent déjà, en 1944, « l'Axe du mal ».

Je ne sais pas grand-chose de la bauxite, sinon qu'il s'agit d'une roche sédimentaire rougeâtre qui entre dans la composition de l'aluminium, un métal qui sert à la fabrication de l'arsenal militaire des Alliés. Je sais aussi que mon père était parfaitement au fait des risques qu'il encourrait en acceptant d'être nommé capitaine.

C'est lui qui me l'a dit en me faisant promettre de m'occuper des plus jeunes et de ma mère advenant qu'il lui arrive quelque chose. C'est également lui qui m'a parlé de l'Axe du mal.

Avec le recul, je réalise que George W. Bush n'a rien inventé quand il a déclaré la guerre à l'Iraq et à l'Afghanistan après les attentats du 11 septembre 2001. Il a alors juré, comme Harry Truman avant lui, de poursuivre les terroristes jusque dans l'Axe du mal.

J'ai douze ans et je ne sais pas encore que la jolie locution Les Baux-de-Provence est à l'origine du mot bauxite. Je m'en rendrai compte un peu plus tard en recevant ma formation littéraire.

Pour l'instant, tout ce qui compte, c'est que papa, qui avait l'habitude de nous écrire trois ou quatre fois par mois, n'a plus donné signe de vie depuis le début du mois de décembre.

Ma mère et moi sommes extrêmement inquiets. Nous avons beau savoir que sa barge, comme il l'appelle, n'est pas conçue pour la navigation en haute mer et que par conséquent, les sous-marins allemands ne peuvent rien contre elle, nous les soupçonnons d'être capables de tout...

Et voilà que le soir du 23 décembre, on sonne à la porte. Ma mère se lève d'un bond et court ouvrir. Dans la pénombre, elle aperçoit un homme vêtu de blanc qui sourit à belles dents.

Son cœur bat la chamade, comme on dit chez les littéraires. Elle n'ose pas nommer celui qu'elle croit reconnaître, jusqu'au moment où le déclic se fait. La surprise est telle qu'elle s'évanouit... de bonheur, il va sans dire.

Je cours les rejoindre et c'est avec une émotion que je n'essaye même pas de vous décrire que j'assiste à leurs retrouvailles.

La petite ville de Sorel, où nous habitons, est tricotée serré. La nouvelle du retour de mon capitaine de père parvient rapidement à tous les membres de notre famille et à tous les amis de mes parents, qui se joignent naturellement à nous pour célébrer ce que je considère encore comme le plus beau Noël de ma vie.

Fidèle à son habitude, papa déballe son sac à surprises. Sa grande valise porte-manteau est pleine de cadeaux qu'il a achetés à Cuba, juste avant de monter dans l'avion qui allait le ramener à la maison.

Je ne sais pas comment il a pu se retrouver à Cuba et pourquoi il a cessé de nous donner des nouvelles, mais je m'en moque. Tout ce que je sais, c'est que papa est de retour, bronzé comme un vacancier, et ça me suffit.

Maman et moi sommes heureux de le revoir vivant. S'il avait fallu qu'il périsse loin de chez nous, la responsabilité d'élever seule ma sœur et mes deux petits frères, de les faire instruire et de les encadrer jusqu'à leur majorité aurait pesé lourd sur les frêles épaules de ma mère. Issue d'une famille nombreuse et pratiquement sans instruction, elle avait été contrainte de travailler dans une manufacture de confection de chemises au temps de sa jeunesse. Autant dire qu'il lui aurait fallu ramer à contre-courant.

En me demandant de veiller sur ma mère et sur les plus jeunes, papa a contribué à faire de moi un jeune adulte responsable, prêt à assumer sa propre formation et à regarder l'avenir en face. Comprenez-vous pourquoi je dis que ce Noël-là a été le plus beau de toute ma vie? Soixante ans ont passé et je m'en souviens encore.

Je m'en voudrais de terminer sans vous dire que durant la guerre, une dizaine de ces petits navires à fond plat, qui charriaient du minéral d'aluminium sur les Grands Lacs, ont disparu en emportant dans la mort leurs capitaines et les membres de leurs équipages. Ces hommes-là sont de véritables héros. On ne dira jamais assez à quel point ils ont participé à l'effort de guerre des Alliés.

Je les salue bien bas et je remercie le ciel d'avoir épargné mon père.

Jean-Guy Mongeau
Elogia

Monsieur Mongeau écrit actuellement l'histoire méconnue de ces valeureux marins, en vue de la faire éditer.

En haut de la pente douce

Les lourdes portes de l'oubli se referment,
mais des lambeaux de souvenirs s'agrippent aux battants.

Jacques LAMARCHE

1939

La Grande Noirceur est à nos portes, mais du diable si nous nous en doutons, mes deux sœurs, mon petit frère et moi. Nous ne savons pas encore de quel bois se chauffe ce Maurice Le Noblet Duplessis, qui a pris le pouvoir en 1936, qui le perdra cette année, qui le reprendra en 1944 et qui restera en poste jusqu'à sa mort. Nous sommes trop jeunes pour même réaliser que le monde occidental traverse la pire crise économique de son histoire. C'est à peine si nous comprenons que la guerre est sur le point d'éclater en Europe et qu'Adolf Hitler se prépare à entraîner le monde dans le conflit armé le plus meurtrier de son histoire.

Une importante usine de fabrication de munitions s'apprête à s'installer dans notre petit village. Des centaines de travailleurs étrangers y trouveront un emploi, ce qui nous fera entrer de plain-pied dans l'Urbanité. Nous sommes à la veille de vivre notre propre Révolution tranquille.

Le souvenir qui m'est tout de suite revenu en mémoire quand j'ai lu que Raymond Paquin était à la recherche d'histoires vécues pour les incorporer à son recueil remonte à ces années-là. Permettez que je vous raconte.

Notre famille habite le deuxième étage d'un immeuble de trois logements qui appartient à mon grand-père et qui est situé au bord de la grand' route qui longe notre rivière, à un mille du village. Notre voisinage est constitué de quelques cultivateurs, de quelques familles en tout point semblables à la nôtre et de citadins qui « ouvrent » leur maison à la fin juin et qui la « ferment » à la fin de l'été.

Chez nous, Noël est une fête religieuse. Le Père Noël laisse toute la place au petit Jésus. C'est sa fête à lui, après tout. Nous n'échangeons pas de cadeaux et ma mère ne fait pas cuire la dinde traditionnelle.

Les cadeaux, c'est pour nos petits amis anglophones. Nous savons que Santa Claus s'arrête chez eux, mais ils sont si peu nombreux qu'on dirait que ça nous dérange moins.

Notre Noël commence avec la messe de minuit et se termine autour de la table familiale dans la gaieté, dans l'amour et dans la boustifaille que nous prépare ma mère.

Notre Père Noël à nous, c'est la veille du Jour de l'An qu'il s'arrêtera chez nous. La plupart du temps, il laissera dans nos bas de Noël une pomme, une orange et des bonbons en forme de poissons rouges qui goûtent le miel et les épices. Les bonnes années, il nous apportera des jouets et des vêtements neufs achetés dans les grands magasins ou cousus dans du vieux par ma mère.

Ce soir-là, mon père nous a pris par surprise. Nous avions ouvert et étrenné les cadeaux que le Père Noël avait laissés sous l'arbre et nous nous préparions à nous mettre au lit quand il nous a demandé de « l'espérer » une minute.

— J'ai une surprise pour vous autres, les enfants. Attendez-moi ici.

Nous le regardâmes se diriger vers une porte qui donnait sur le hangar.

Nous ne savions pas trop à quoi nous attendre, mais c'était lui le patron et ses désirs étaient des ordres.

Ma mère avait l'air aussi surprise que nous.

Et voilà qu'il nous ramène une grande traîne-sauvage qu'il dépose fièrement au pied de l'arbre de Noël.

— Vous pourrez maintenant glisser tous ensemble.

C'était la première fois que nous recevions un cadeau pour toute la famille. Nous n'avions pas l'habitude.

Ma grande sœur – je pense bien que c'était elle – a pris le taureau par les cornes.

— On devrait l'essayer tout de suite.

Ma mère, comme il fallait s'y attendre, était résolument contre.

— Tu n'y penses pas! Il est passé minuit. Vous allez attraper votre coup de mort. C'est une mauvaise idée... Il n'en est pas question...

Mais elle avait beau dire, quelque chose me disait qu'elle était moins convaincue qu'elle en avait l'air. Mes frères et sœurs avaient dû le sentir eux aussi puisqu'ils l'attaquèrent en même temps.

— Envoyez donc, maman, ça va être le fun.

Papa s'est immédiatement rangé de notre côté.

C'est alors que le miracle se produit. Non seulement notre mère renverse-t-elle sa propre décision, mais elle décide de venir glisser avec nous. C'est une des toutes premières fois qu'elle trouve le temps de participer à nos jeux.

L'expédition s'organise en un tour de main. Nous courons vite nous habiller et nous déboulons dans l'escalier comme si le diable était à nos trousses.

Mon père transporte la précieuse cargaison.

Dehors, la Lune est ronde comme le mauvais œil d'une sorcière, l'air est pur et frais, la neige est blanche.

Pour les enfants que nous sommes, il y a quelque chose d'envoûtant, d'étrange et d'insolite à se retrouver dehors en pleine nuit. Comme dirait l'autre, «on est tellement ben qu'on est mal un p'tit brin».

Nous grimpons au sommet de la butte qui descend jusqu'à la rivière. Mon père dépose la traîne-sauvage sur la piste de décollage. Ma petite sœur monte devant, les jambes repliées sous elle, et nous nous installons derrière elle. Ma mère hérite de la dernière place assise. Elle gesticule, elle rit et s'esclaffe comme une gamine. Comme nous.

Et voilà que mon père nous pousse. La traîne-sauvage dévale la côte glacée à mille milles à l'heure. Nos cris et nos éclats de rire doivent s'entendre cent milles à la ronde. Le vent nous rosit les joues et nous fouette le visage. Nous éprouvons une sorte de vertige qui nous excite et qui nous fait peur en même temps.

Il est minuit, docteur Schweitzer, et nous sommes les maîtres du monde.

Comment pourrais-je jamais oublier ces minutes-là... Avons-nous recommencé? Une fois? Deux fois? Trois fois? Sommes-nous rentrés tout de suite après? En avons-nous parlé une partie de la nuit?

Toutes ces réponses sont probablement bonnes.

Je m'arrête ici. Je suis heureux d'avoir pu partager ce souvenir avec vous.

Joyeux Noël à tous!

Jean-Guy LONGPRÉ
Les Promenades du Parc

Mon p'tit panier
sous mon bras

Paul et moi nous sommes connus en 1951, à l'École de télétypie du Canadien National. Le gouvernement, en édictant que la semaine de travail normale passerait de 48 à 40 heures, avait un peu forcé le CN à recruter et à former de nouveaux télétypistes.

Chacun de notre côté, Paul et moi avions été attirés par la publicité du CN, qui garantissait aux étudiants de son école un salaire de soixante-quinze dollars par mois et un emploi bien rémunéré à la fin de leur cours.

Nos professeurs avaient peut-être remarqué que nous avions des affinités puisqu'ils nous plaçaient régulièrement ensemble, dans les mêmes équipes de travail. La vérité, c'est que nous nous tournions un peu autour, mais ni l'un ni l'autre n'osions faire les premiers pas.

C'est au bal des Beaux Arts que nous nous sommes vraiment connus. Nous avons eu l'occasion de nous parler dans le blanc des yeux, dans un autre contexte que celui de l'école. C'est à cette époque-là que nous nous sommes mis à nous fréquenter.

Après notre apprentissage, le CN nous a tous les deux engagés en qualité de télétypistes, mais Paul avait d'autres ambitions. Il s'inscrivit à quelques-uns des cours de perfectionnement qu'offrait le CN, jusqu'à ce qu'il trouve sa voie.

Comme il possédait des connaissances élémentaires en électronique, on commença par lui suggérer de suivre un cours de technicien, avant de lui proposer une formation de *Wire Chief* (responsable de l'entretien des installations techniques).

Pour lui permettre d'acquérir un peu d'expérience, on le transféra en Abitibi. Il commença son stage à Val-d'Or et le compléta à la gare de Senneterre, nouvellement construite.

Paul partit seul pour Val-d'Or où il resta deux mois. Je le rejoignis à Senneterre, peu de temps après notre mariage, survenu en juillet 1955.

Nous savions que notre séjour serait bref. Le CN n'avait pas l'intention de laisser Paul « gaspiller » son talent en région. On avait besoin de lui dans la grande ville.

Nous y sommes restés quelques mois, le temps de nous faire des amis, de célébrer notre premier Noël en tant que mari et femme et de tomber en amour avec Senneterre.

C'est dans la petite gare que vous voyez sur la photo que nous avons réveillonné, le soir de Noël, durant le quart de travail de Paul, en compagnie d'un de ses

Gare de Senneterre, Décembre 1956.

collègues et de son épouse, avec qui nous étions devenus amis.

Paul s'est occupé de nous trouver un magnifique sapin dans la belle forêt abitibienne. De mon côté, j'ai pris le train pour Montréal où j'ai rendu visite à mes parents. J'ai profité de l'occasion pour acheter notre première crèche de Noël, chez Desmarais et Robitaille, sur la rue Notre-Dame.

Pour tout vous dire, Paul et moi conservons précieusement les personnages de cette première crèche et nous les déposons fidèlement au pied de l'arbre depuis plus de 55 ans.

Ce soir-là, donc, Paul et son compagnon étaient de service à la gare. Son épouse et moi avions préparé un bon gueuleton et nous sommes allées les rejoindre avec «nos p'tits paniers sous nos bras», comme dit la chanson de Gilles Vigneault. Nous avions cuisiné toutes sortes de petits entremets, du canard à l'orange et une bûche de Noël.

Il y avait de l'amour dans l'air, de la neige à perte de vue, les voyageurs étaient chaleureux et la nourriture était divine.

Des Noëls, nous en avons vécu beaucoup d'autres depuis. La plupart furent heureux, mais celui-là était notre premier Noël de couple. Avec nos amis, de passage eux aussi à Senneterre, nous avions improvisé une fête qui nous avait fait chaud au cœur. La magie de Noël nous avait rejoints à plusieurs centaines de kilomètres de Montréal, en pleine forêt boréale.

L'année d'après, le petit village de Senneterre est officiellement devenu une petite ville de 1400 habitants, mais nous n'étions déjà plus là.

Ce fut, et de loin, le plus beau Noël de notre vie et nous sommes heureux d'avoir eu l'occasion de le partager avec vous.

PAUL ET JACQUELINE
Vent de l'Ouest

La vieille dame indigne

Je suis une vieille femme indigne. Ce n'est pas moi qui le dis, c'est ma fille Martine. Elle dit que je lui fais penser à l'héroïne d'un roman de Bertholt Brecht qui s'intitule justement *La vieille dame indigne*. Je n'ai pas lu le livre, mais j'ai vu le film et je suis à moitié d'accord avec elle. Je suis née en 1925. Je venais tout juste d'avoir quinze ans quand les femmes du Québec ont obtenu le droit de vote. Je me suis mariée en 1948, mais ce n'est qu'en 1964 que le législateur a accordé aux femmes d'ici la «capacité juridique». Dans l'intervalle, j'ai figuré dans la liste des «incapables», entre les «mineurs» et les «interdits» d'un côté et les personnes souffrant d'aliénation mentale de l'autre.

J'ai donc été considérée et traitée comme une mineure jusqu'à l'âge de 39 ans. Après avoir été soumise à l'autorité de mon père jusqu'à mon mariage, j'ai eu à subir celle de mon mari durant les seize premières années de notre union.

J'avais 60 ans quand mon mari est mort des suites d'une longue maladie dégénérative. J'ai longtemps porté le deuil de celui que j'ai toujours considéré comme un bon père et un bon mari... jusqu'à mes 65 ans, en fait, l'âge légal de la retraite au Canada. C'est après que je me suis mise à changer.

Cette année-là, j'ai fait savoir à mes deux garçons, à mes trois filles, à mes trois petits-fils et à mes quatre petites-filles que je souhaitais les recevoir le mardi 25 décembre 1990, à 16 h 30, à mon condo de la rue Wellington, à Verdun, sans leurs conjoints respectifs.

Sans leur en parler d'avance, j'avais décidé de les recevoir à l'hawaïenne. J'avais loué un décor – cocotiers artificiels, flamands roses, perroquets multicolores, etc. – et j'avais monté un buffet exotique : pain aux bananes, poulet Luau, purée de taro, etc.

J'imagine qu'ils s'étaient tous donné le mot parce qu'ils sont arrivés en même temps. Je m'attendais à ce qu'ils soient surpris – c'était d'ailleurs le but de l'opération –, mais leur réaction allait dépasser toutes mes espérances.

Mes filles ont crié. Le plus vieux de mes garçons m'a payé la traite.

— Ça ne va pas, maman ? C'est quoi, ces flamands roses là, les *drinks* exotiques, la musique quétaine...

Je ne me souviens plus exactement de ce qu'il a dit, mais il était clair qu'il pensait que j'avais perdu la tête. Il n'y avait que mes petits-enfants pour apprécier ma «folie».

— C'est cool, grand-maman !

J'avais cru que ce que j'avais à leur dire pourrait attendre la fin de la soirée, mais il a fallu que je lâche le morceau avant le dessert.

Je commençai par leur expliquer que mon réveillon hawaïen, c'était pour leur faire comprendre que j'étais sérieuse quand je leur disais que j'avais besoin de vivre autre chose avant de prendre ma retraite.

— Rassurez-vous, mes enfants, je n'ai pas l'intention de devenir une Vahiné... Je ne dis pas que je n'irai jamais faire mon tour dans les îles, mais je ne vous servirai pas du poulet Luau à Noël rien que pour vous annoncer que je pars en croisière dans les îles.

Ayant obtenu leur attention, je leur parlai de mon enfance dans le temps de la Crise, de ma vie de mère et d'épouse et du besoin que j'éprouvais maintenant de vivre ma vie de femme.

À ce stade-là, je suis sûre qu'ils n'avaient aucune idée de ce que je mijotais. Mes petits-enfants avaient l'air de s'amuser comme des petits fous. Leurs parents n'osaient pas se regarder et mes chats s'amusaient à grimper dans le palmier. L'ambiance était bien un peu surréaliste, mais j'étais assez fière de mon coup.

Ma plus vieille, la belle Martine, était plus curieuse que les autres.

— Qu'est-ce que ça veut dire, ça, «vivre ta vie de femme»? Tu ne l'as pas vécue avec papa, ta vie de femme?

Je lui expliquai que ma vie ne serait pas complète si je ne faisais pas maintenant tout ce que je m'étais empêchée de faire toute ma vie.

— Mais rassure-toi, ma fille, je n'ai rien à dire contre ton père et je n'ai personne d'autre que moi à blâmer pour mes états d'âme.

J'attendis le dessert avant de leur porter le coup de grâce.

— Mes enfants, je n'irai pas par quatre chemins. J'ai décidé de me débarrasser de tous mes meubles et de vendre mon condo.

— Quand ça?

Mon fils Jean, pragmatique comme toujours, était le seul à ne pas paraître trop surpris.

— Le plus vite possible, mon garçon. Je vous accorde une semaine pour me dire si mes meubles vous intéressent. Si c'est le cas, vous me ferez savoir à qui les donner.

— Qu'est-ce qui se passe, ici?

Ma plus vieille avait l'air estomaquée.

— Il se passe que je pars à l'aventure, sur un *nowhere*, comme vous dites entre vous. Tout ce qu'il y a de sûr, c'est que je prendrai un aller simple pour Paris sitôt que mon condo sera vendu. À partir de là, j'improviserai. Je ne compte pas revenir avant trois ans. Je veux voir le monde avant de mourir.

Les heures qui suivirent furent très animées. Mes petits-enfants voulaient savoir si j'allais leur écrire, mes fils et deux de mes filles étaient contre.

— Tu devrais peut-être consulter, maman...

Ma plus vieille capotait.

— Te prends-tu pour *la vieille femme indigne*?

— C'est qui, celle-là?

147

— C'est l'héroïne d'un livre de Bertholt Brecht. C'est l'histoire d'une dame de 70 ans qui décide de vivre pour elle-même à la mort de son mari, quitte à choquer son entourage.

— Je n'ai pas envie de vous choquer, ma grande, mais tu me donnes le goût de lire le livre de Brecht, en tout cas.

Ils étaient tous secoués quand ils ont pris congé. De mon côté, j'avais apprécié chaque minute de ce que je considérais comme le plus beau Noël de ma vie.

J'ai vendu mon condo à la fin du mois de février 1991 et je me suis envolée pour Paris à la mi-mars. Je suis revenue cinq ans plus tard. Je me suis beaucoup amusée, un peu ennuyée, et il m'est arrivé tellement de choses qu'il me faudrait tout ce livre pour vous en raconter seulement la moitié.

J'ai eu trois amants et demi, j'ai visité une vingtaine de pays, j'ai travaillé dans un théâtre de marionnettes, j'ai fait du stop. Je me suis fait des amis, j'ai fait la « courte marche » à Saint-Jacques-de-Compostelle, j'ai tenu un journal intime...

Mes enfants se sont tranquillement faits à l'idée qu'une partie de ma vie leur échapperait pour toujours. Je leur ai raconté tout ce qui était racontable et j'ai gardé pour moi tous mes petits secrets.

Ils ont été obligés de reconnaître que mon voyage m'avait changée pour le mieux. Ma petite-fille Mélanie dit maintenant à tout le monde que sa grand-mère a fait le tour du monde. Elle en rajoute un peu, mais ça nous fait plaisir à toutes les deux.

Ma plus vieille a cessé de me rabâcher les oreilles avec sa *vieille femme indigne*. Elle dit maintenant que je suis mieux qu'elle. C'est déjà ça de pris.

Joyeux Noël, tout le monde.

ANONYME
Elogia

La dame qui m'a raconté cette histoire m'a demandé de ne pas la nommer, mais elle n'exclut pas de faire son *coming out* à un moment donné.

Laissez passer les raftsmen

1928

Ce Noël-là aurait dû être le pire de notre vie. J'avais onze ans. Mon père était au repos forcé suite à une mauvaise chute. Une autre, devrais-je écrire. Remarquez qu'il avait de qui tenir, mon père. Mon grand-père «cageait» sur la Saint-Maurice et il ne se passait pas un printemps sans qu'il se tape un séjour plus ou moins prolongé dans l'eau froide, suivi d'une hypothermie, ou qu'il se brise quelque chose en glissant sur un billot détrempé.

Mon père aurait bien aimé être un cageux, mais les temps avaient changé et il avait dû se contenter de draver sur la rivière des Outaouais.

À la fin de l'hiver, les contremaîtres faisaient sauter les digues de bois et les draveurs, armés d'une pique ou d'une drave, poussaient le bois au gré du courant.

Comme mon grand-père Tancrède, mon père n'avait pas son pareil pour glisser sur les billots et pour se retrouver cul par-dessus tête dans l'eau froide.

Ce printemps-là, il s'était surpassé. Il avait perdu pied en courant sur un billot. Le médecin avait diagnostiqué une commotion cérébrale, une grave blessure à la colonne vertébrale qui l'avait laissé paralysé des deux jambes et une gangrène sévère qui progressait de jour en jour.

L'hiver d'après, mon draveur de père n'était pas remonté au chantier avec les autres. Questionné par ma mère, le médecin avait été obligé de lui dire qu'il ne passerait probablement pas l'hiver.

Noël s'en venait et l'état de santé de mon père, loin de s'améliorer, empirait de jour en jour. Il avait le moral dans les talons.

— Qu'allons-nous devenir?

Il s'en faisait pour ma mère, pour mes trois frères, mes cinq sœurs et moi. S'il avait fallu qu'il sache que la pire crise économique de l'Histoire moderne était sur le point de nous tomber dessus, il en aurait fait une maladie... qui se serait ajoutée à toutes celles qu'il avait déjà.

J'adorais mon père et je me serais volontiers fait couper un bras si cela avait suffi à lui redonner la santé.

Un soir, il a demandé à me voir.

— Si je meurs, promets-moi de prendre soin de ta mère et de tes frères et sœurs.

— Tu ne vas pas mourir, papa.

— Tu auras bientôt douze ans. À ton âge, je travaillais déjà dans les chantiers et je ramenais de l'argent à la maison pour aider mon père à subvenir aux besoins de la famille. En attendant, je me demande si tu ne pourrais pas me rendre un petit service...

— Tout ce que tu voudras, papa.

— Je veux que tu prennes le train jusqu'à Bytown et que tu loues un transport jusqu'au chantier numéro six. C'est un voyage de deux jours en tout et partout.

Il ne me laissa pas le temps de réagir.

— Tu demanderas à voir Pomerleau, Tremblay, Hinse, Vézina et Cléophas et tu leur remettras mes haches. J'en ai cinq dans la remise. Tu leur en donneras une à chacun.

C'était d'une tristesse infinie, mais il y a des choses qu'un garçon ne peut refuser à son père.

J'ai pris le train le 16 décembre. Je n'oublierai jamais l'accueil que les raftsmen m'ont fait. Ils avaient les larmes aux yeux. Ils savaient que mon père était malade, mais ils ne s'étaient pas imaginé que c'était aussi grave.

Ils me gardèrent avec eux jusqu'au lendemain. Ils me parlaient de mon père et c'était comme si je le découvrais.

— Tu diras à ton père que ses haches sont entre de bonnes mains.

Le lendemain, celui que les autres appelaient Cléophas me reconduisit jusqu'à mon train. Le *cook* m'avait préparé des sandwichs et le plus jeune m'avait prêté un livre d'images.

— Tiens! Il paraît que tu sais lire...

C'était la première fois que nous ne fêtions pas Noël à la maison. Ma mère avait fait de son mieux pour donner le change, mais le cœur n'y était pas. Mon père dépérissait à vue d'œil, mais il refusait obstinément d'entrer à l'hôpital.

Il était 18 heures, le 25 décembre au soir, quand le vent vira enfin de bord.

Toc, toc, toc.

Quelqu'un frappait à la porte.

C'était Cléophas.

— Nous sommes venus passer Noël avec lui. Nous avons amené tout ce qu'il faut. Nous voulons qu'il signe nos manches de hache en plus. Descendez-le au salon, vous le mettrez devant cette fenêtre-là. J'ai la chorale du camp numéro sept avec moi.

Il rejoignit ses compagnons dans la cour pendant que nous installions mon père aux premières loges, dans le salon.

Les voix de la chorale s'élevèrent aussitôt dans l'air glacial.

Là ous-qu'y sont, tous les raftsmen
Là ous-qu'y sont, tous les raftsmen
Dans les chanquiers y sont montés
Bing sur la ring, bang sur la rang
Laissez passer les raftsmen
Bing sur la ring, bing bang

Et par Bytown y sont passés
Et par Bytown y sont passés

Avec leur provision d'achetées
Bing sur la ring, bang sur la rang
Laissez passer les raftsmen
Bing sur la ring, bing bang

Des pork and beans ils ont mangé
Des pork and beans ils ont mangé
Pour leurs estomacs restaurer
Bing sur la ring, bang sur la rang
Laissez passer les raftsmen
Bing sur la ring, bing bang

Ils étaient tous là. Cléophas, Pomerleau, Vézina, Hinse, Tremblay et les autres, et ils chantaient pour leur vieux *chum*.

Vous dire la joie de mon père... J'aimerais tellement avoir une photo à vous montrer. Il était lumineux.

Le reste coule de source. Les raftsmen s'installèrent au salon. Ils avaient apporté du vin, des tourtières congelées, du jambon et tout ce qu'il faut pour réveillonner.

Cléophas se mit à jouer de la ruine-babines et mes sœurs se mirent à danser. Mon père et les autres raftsmen entonnèrent un *Mon beau sapin* à mourir de rire. Le party s'organisa de lui-même et dura jusqu'aux petites heures du matin. Et jamais il ne fut question de la mort prochaine de mon père. Quand l'un d'entre nous pleurait, les autres le récupéraient.

Les raftsmen repartirent comme ils étaient venus, après nous avoir tous serrés dans leurs bras.

Restés seuls, nous avons pleuré de joie. Je ne peux pas mieux dire. Nous venions de vivre le plus beau Noël de notre vie.

Mon père mourut le surlendemain. Il était serein, je crois. Quand il est parti, il essayait de nous dire quelque chose au sujet des manches des haches qu'il avait autographiées durant la soirée et les larmes qui roulaient sur ses joues étaient des larmes de joie.

ANONYME
Le Vivalis

Un Noël blanc à Rivière-Bleue

Ma mère était une femme extraordinaire. Issue d'une famille bourgeoise, elle tenait mordicus à ce que chacun de ses garçons et chacune de ses filles reçoivent une bonne éducation. Elle avait 43 ans quand mon père, un boulanger de Rivière-Bleue, est décédé, lui laissant la charge de leurs quinze enfants. J'étais la cadette de la famille.

Heureusement pour nous, mon père avait eu le temps de nous construire une belle grande maison, ce qui réglait au moins la question du logement. C'est tout ce dont ma mère avait besoin pour l'aider à assumer sa nouvelle responsabilité de chef de famille.

Mon père jouait du violon et il n'aimait rien autant que chanter. À l'Hôpital Royal-Victoria, où le soignait le célèbre docteur Penfield, le personnel et les patients nous ont assez dit à quel point il les faisait rire. Il est resté digne jusqu'à sa mort et j'imagine que son courage a dû inspirer ma mère.

N'étant pas elle-même boulangère et n'ayant pas le temps de gérer le commerce, elle avait confié le four à pain à l'aîné de ses fils et elle lui avait engagé un assistant.

Mais les clients de la boulangerie avaient du mal à joindre les deux bouts... Il aurait normalement fallu qu'elle les «collecte», mais elle avait trop bon cœur.

— Tout le monde a au moins le droit de manger du pain, avait-elle coutume de dire.

Une fois – je devais avoir deux ans à l'époque –, une dame est venue nous voir. Elle avait entendu dire que ma mère avait du mal à joindre les deux bouts. Elle était venue nous offrir, au nom d'une association caritative quelconque, de l'aide alimentaire.

Quelque chose avait dû me frapper dans son discours parce qu'il paraît que, du haut de mes deux ans, je leur ai dit :

— On n'a pas si tant faim que ça.

Tout le monde a ri de bon cœur et le reste de la discussion s'est poursuivi sans moi.

Une autre fois, un officier de justice est venu dire à ma mère que si elle ne payait pas immédiatement la taxe foncière, la maison familiale serait mise en vente. L'officier, sans le savoir, était tombé sur la mauvaise personne. Il aurait pourtant dû savoir qu'on ne bouscule pas impunément une mère de quinze enfants. Surtout quand elle est veuve...

Toujours est-il que ma mère s'est présentée à une réunion du Conseil municipal, qui se tenait dans le sous-sol de notre église, et qu'elle a apostrophé le maire et ses conseillers.

— Bonjour, Madame Gagnon.

— Laissez faire les bonjours. Vous vous dites catholiques. Comment osez-vous même penser à jeter à la rue une mère de quinze enfants, veuve par surcroît? Vous devriez avoir honte.

— Calmez-vous, Madame Gagnon. Nous allons vous expliquer...

— Il n'y a *rien* à expliquer.

Il faut croire qu'elle a été convaincante puisqu'ils lui ont donné du travail pour l'aider à payer ses arrérages de taxes. Figurez-vous qu'ils lui ont confié la tâche de percevoir la taxe d'eau municipale...

Le Noël que je vais maintenant vous raconter, c'est celui de 1939-1940. Je vous emmène dans le Bas-du-Fleuve, sur la rivière Bleue.

Rivière-Bleue est un petit village situé près de la frontière américaine et du Nouveau-Brunswick, à environ 75 kilomètres de Rivière-du-Loup et de Pohénégamook. Le temps y est si doux que Rivière-Bleue a fini par être surnommée «la petite Floride».

À propos, on l'a baptisée Rivière-Bleue à cause de la pureté et de la couleur de ses eaux.

Notre Noël à nous commençait la veille du 25 décembre. Derrière la porte close, ma mère et les plus vieux montaient l'arbre de Noël. Je devais avoir six ou sept ans et j'anticipais avec joie le moment où j'aurais enfin la permission de regarder ce que le Père Noël avait mis dans mon bas.

Nous nous rendions à la messe de minuit à pied –
une expédition de plus d'un mille – et nous avions souvent de la neige jusqu'aux genoux. Nous assistions aux
deux messes : la messe de minuit elle-même et celle de
l'Aurore et nous rentions vers les deux heures du matin.
Toutes sortes d'odeurs, plus appétissantes les unes
que les autres, embaumaient la maison.

Nous passions le reste de la nuit debout. Nous mangions à peu près tout ce que ma mère nous servait : des
tourtières, des pâtés, des tartes, etc.

Ma mère se mettait ensuite au piano. Elle interpré-
tait des airs de Théodore Botrel et toutes sortes de chants
traditionnels que publiaient régulièrement les cahiers *Le
Temps*.

Nous passions ensuite à la distribution des cadeaux.
J'espérais chaque fois que le Père Noël allait m'apporter
la jolie paire de patins dont j'avais rêvé toute l'année,
mais j'imagine que c'était trop demander.

Ce soir-là, mes deux sœurs ont débarqué à la maison
en *snowmobile*, en provenance du Couvent de Rivière-
Ouelle. Elles ont déposé un gros paquet à mes pieds. Il
s'agissait, en l'occurrence, des patins de ma cousine.

Ils étaient bien trop grands pour moi, mais je les ai
bourrés d'une tonne de feuilles de papier journal. J'étais
tellement contente que si je l'avais pu, j'aurais patiné sur
le plancher de la maison. Je tombais partout et je me
relevais pour mieux retomber.

Ce même Noël, un quêteux – un des seuls qui ne nous faisaient pas peur et que nous surnommions Sérénade – est passé nous voir. Comme d'habitude, nous lui avons proposé un troc.

— Tu nous chantes *Sérénade près de Mexico* et nous t'offrons une bonne tasse de thé chaud.

— C'est comme vous voulez.

Ce n'était pas un grand chanteur, mais il y mettait autant de cœur que possible.

Ô sérénade près de Mexico
Beau chant d'amour
Que dans le soir
Soupirent les gauchos
Sous le ciel de jade
Au vent doux et chaud
Ô sérénade près de Mexico

(Version française de *South Of The Border*, interprétée par soit Tino Rossi, soit Rina Ketty)

Nous avons chanté jusqu'au petit matin et nous nous sommes couchés la tête remplie de chansons : celles qu'on avait chantées à l'église et celles que nous avions chantées à la maison, sans oublier le *White Christmas* de Bing Crosby.

Un Noël blanc, des cantiques, des chansons de Botrel, les tourtières de ma mère... Comment pourrais-je jamais oublier tout cela ?

Ma mère avait bien tenté de me faire apprendre le piano dans ma tendre enfance, mais c'est finalement à l'âge de 65 ans que j'ai décidé de m'y mettre.

Il n'y a pas longtemps, je me suis monté un répertoire de 36 chansons que j'interprète avec plaisir quand l'occasion me le permet. Et voulez-vous que je vous dise ? Je chante encore les chansons que ma mère glanait dans *Le Temps* : *Ma Tonkinoise, J'ai deux amours, La Barcarolle, Sous les ponts de Paris...*

Joyeux Noël à tous.

Georgette GAGNON
Le Quartier Mont-Saint-Hilaire

La poupée brisée

La plupart des souvenirs sont comme des montres arrêtées : ils donnent toujours la même heure. On a beau les retourner dans tous les sens, les ressasser, les analyser, se demander s'ils servent à quelque chose, rien ne fait rien à l'affaire. Quand un souvenir s'installe en vous, c'est pour la vie...

Quant à savoir si on les choisit ou si ce sont eux qui vous choisissent, c'est une question trop vaste pour qu'on s'y arrête ici.

Je suis une femme de 80 ans et le souvenir que j'ai accepté de partager avec vous remonte à ma tendre enfance. C'est un souvenir à deux faces, un de ceux qui font autant de bien que de mal.

J'avais cinq ans. J'étais la cinquième enfant d'une famille de sept. Mon père était cultivateur et ma mère s'occupait de la maisonnée et des enfants. C'était une femme pleine de ressources.

Le monde était plongé dans une crise économique profonde, qui ne faisait de cadeau à personne. Le Secours

Direct était le lot quotidien de centaines de milliers de chômeurs et la plupart des aliments de base étaient rationnés. Il y avait en plus les coupons alimentaires que distribuait au mieux la Société Saint-Vincent de Paul, mais c'était à peu près tout.

N'ayant pas de réfrigérateur, nous conservions les aliments périssables dans des congélateurs de fortune. Quand nous étions assez fortunés pour trouver de la glace, nous les recouvrions le mieux possible. Dans l'ensemble, nous nous en tirions plutôt bien, même que nous avions un puits, le grand luxe à cette époque.

Mes parents étaient très religieux. Comme tous ceux de ce temps-là, ils auraient donné leurs deux bras à couper pour qu'un de leurs fils au moins devienne curé ou vicaire et pour qu'au moins une de leurs filles entre dans les ordres.

J'étais, quant à moi, une enfant heureuse. Je n'enviais personne et je ne m'en faisais pas avec grand-chose.

Je prends la peine de vous raconter tout cela pour que vous compreniez que ma réaction à l'incident que je vais maintenant vous raconter n'était pas un caprice d'enfant.

Cette année-là (1935), j'ai reçu en cadeau la plus jolie des poupées qui soit. Elle était blonde, avec de beaux cheveux ondulés et une boucle bleue. Ses bras et ses jambes étaient articulés. Elle avait l'air si vraie que je l'ai tout de suite considérée comme ma meilleure amie. Elle portait de vrais petits souliers noirs et une belle robe bleue avec du nid d'abeilles dedans.

Je me suis attachée à elle comme une mère s'attache à l'enfant qu'elle a porté ou à celui qu'elle a adopté. Je lui faisais des confidences. Je lui racontais des choses que je n'aurais jamais été capable de confier à qui que ce soit d'autre.

Le plus beau Noël de ma vie, c'est assurément celui-là. Mais il faut croire qu'il ne faut jamais jurer de rien. Le 25 décembre 1935, j'ai reçu en cadeau une poupée que je croyais éternelle...

L'été suivant, une petite cousine que je ne voyais pas souvent est venue à la maison. J'étais si fière de ma poupée que je la lui ai prêtée. Vous avez peut-être déjà compris qu'elle l'a échappée par terre. Elle l'a brisée en même temps qu'elle me brisait le cœur.

Je vous passe la réaction de ma petite cousine, la mienne et celles de nos mères. Rien de tout cela n'avait plus d'importance du moment que ma poupée était morte. Nous avons bien essayé de la rafistoler, de recoller les morceaux, mais c'était peine perdue...

C'est pour ça que j'ai dit que c'est un souvenir à deux faces. Ne me demandez pas de vous expliquer pourquoi je me suis tellement attachée à elle, pourquoi je n'ai jamais eu d'autres poupées et pourquoi je m'en souviens encore dans ma 80e année.

Jeannine HÉBERT
Les Jardins du Campanile

Mon premier baiser
de jeune fille

Je suis née en 1916 (mon Dieu, je dois être vieille...) dans le sillage de la grippe espagnole et de la Guerre 14-18. Je m'appelle Florence, j'ai 94 ans, et quand on m'a demandé de vous raconter le plus beau Noël de ma vie, celui qui m'est tout de suite remonté dans l'âme, c'est celui de mes dix ans.

Décembre 1926

La veille, on m'avait envoyée me coucher de bonne heure.

— Je veux que tu sois la plus reposée possible pour la messe de minuit.

À l'heure dite, nous prenons place à bord de la carriole de mon père, emmitouflés dans d'épaisses peaux de fourrure. La neige « poudre » sur nos épaules. Mon père a disposé une rangée de pierres chaudes à nos pieds...

Ça commence bien!

Notre cheval lui-même a l'air d'y croire. Il trottine allègrement en direction de l'église, la crinière ébouriffée et les naseaux frémissants.

Le lendemain, je suis toute à la joie de déballer mes étrennes. Dans mes bas, il y a des fruits (ils sont rares en hiver), des bonbons maison, des poupées cousues par des doigts de fées, des machins en bois conçus et réalisés par un bon grand-père... Le bonheur total!

La saison culminait avec le souper des fêtes de ma grand-mère. Une orgie de plats savoureux: des aspics colorés, des arrangements de fruits et de fromages, des viandes appétissantes, des tourtières, des tartes au sucre, au chocolat et aux pommes et des bagatelles, sans compter les gâteaux de ma grand-mère et le petit caribou sans lequel Noël ne serait pas Noël...

Tout le monde est là: les parents, les amis, les voisins. Les hommes passent le pas de la porte en se frottant les mains. Malgré leurs gros capots de fourrure, ils sont gelés.

Les vieux vont au-devant des jeunes. C'est tout naturellement qu'ils se sont constitués en comité d'accueil. Malheureusement pour la petite fille un peu dédaigneuse que je suis, ce sont des embrasseurs. Ils vous barbouillent la figure avec les glaçons qui se sont formés dans leur moustache. C'est assez désagréable.

N'en pouvant plus, je cours me réfugier sous les jupes de ma grand-mère.

Quand le calme revient, je quitte ma cachette et je

m'empresse d'aller rejoindre mes petits cousins, mes petites cousines et les autres enfants de mon âge.

Un garçon un tantinet plus âgé que les autres se plante devant moi, en faisant mine de me faire les gros yeux.

— Dis donc, toi... tu n'étais pas là pour les embrassades... T'étais où ?

Je lui ai dit que j'en avais assez de me faire barbouiller les joues et d'avoir à me laver après.

Alors, il s'est penché vers moi et il a murmuré quelque chose à mon oreille. Il m'a dit qu'il n'avait ni barbe, ni barbiche, ni barbichette et qu'il avait envie de m'embrasser.

Je lui ai répondu que je voulais bien, mais pas devant tout le monde.

Astucieux comme il était, il m'a emmenée à l'écart.

C'était mon premier baiser de jeune fille. J'avais beau n'avoir que dix ans, j'ai goûté son baiser comme si j'étais déjà nubile. J'en conserve, encore aujourd'hui, un souvenir ému.

À la fin du souper, les plus vieux ont tassé les meubles le long des murs, les musiciens ont accordé leurs violons, leurs harmonicas et leurs accordéons et se sont mis à jouer des sets carrés pour faire bouger les plus jeunes et des gigues pour les amateurs de plaisirs démodés.

J'ai remarqué que ceux qui ne dansaient pas compensaient en s'envoyant des petits blancs derrière la cravate.

J'avais le goût du baiser de mon prince sur les lèvres et la tête me tournait un peu tellement je dansais.

Je ne me souviens plus de la suite, si suite il y a eu.

C'était sûrement très innocent, en tout cas.

Joyeux Noël!

Note

J'ai été contente de partager mon plus beau Noël avec vous. Mes filles n'arrêtent pas de me dire que je devrais écrire le récit de ma vie. Je vais voir comment mon histoire sera reçue. On en sait jamais. La nature humaine étant ce qu'elle est, j'ai peut-être juste besoin d'une petite tape d'encouragement sur l'épaule. J'y pense, en tout cas...

Florence MALENFANT
Les Promenades du Parc

Meri Kurisumasu

J'ai longtemps hésité avant de vous raconter mon histoire. Elle remonte aux années 1970 et elle risque de détonner dans le recueil d'histoires traditionnelles que vous êtes en train de lire.

Je tente ma chance.

Je rentrais d'un séjour de dix mois au Japon. J'avais pris une année sabbatique – j'étais enseignante au primaire – et avec une amie qui était, comme moi, attirée par la culture nippone, nous nous étions envolées vers le pays du Soleil Levant.

Je ne vous raconterai pas notre voyage. Je vous dirai seulement que j'y ai rencontré celui qui allait devenir mon mari quelques années plus tard. Il s'appelait Yasukazu Yamada et il est mort il y a trois ans.

Ma petite histoire commence le 10 décembre 1974. Je m'ennuyais de Yasu (c'est le surnom que je lui avais donné). Je l'avais rencontré à l'Université de Tokyo où nous avions tous les deux assisté à une conférence de Joseph Wiezenbaum, l'inventeur de ce qu'on appelait alors l'intelligence artificielle. Nous nous étions croisés dans le corridor attenant à l'auditorium plein à craquer et nous n'avions jamais cessé de nous chercher des yeux.

Nous nous étions donné rendez-vous dans le vieux Tokyo et, de fil en aiguille, nous étions tranquillement devenus des amoureux.

Nous nous étions quittés en nous jurant que nous nous reverrions.

— *I will come to visit you in Montreal.*
— *I will be back in three months.*

Ni l'un ni l'autre ne parlions convenablement l'anglais, mais, en amour, il n'y a pas que les mots qui comptent.

Le 10 décembre, j'ai reçu un télégramme de Yasu.

My love,
I will soon be in Montreal. I want to celebrate Christmas with you the Japanese way.
Meri Kurisumasu

Son petit mot m'a littéralement chavirée. Les quatorze jours qui ont suivi ont été les plus longs de ma vie.

Le 24 décembre, vers midi, on a sonné à ma porte. C'était lui.

— Yasukasu ?
— Jacqueline...
— *Is it you?*
— *Meri Kurasumasu,* mon amour...

Il avait dit cela en français.

— *What does that mean?*

— *It means* Joyeux Noël.

Nous avons passé les heures suivantes dans les bras l'un de l'autre.

Il m'a expliqué que les Japonais célébraient Noël depuis le début du siècle dernier.

— Chez nous, Noël n'est pas une fête traditionnelle. Seulement 1,5 % des Japonais sont chrétiens. Les enfants ne croient pas au Père Noël, mais ils n'ont rien contre les cadeaux. Au Japon, Noël, c'est la fête des marchands. Pas beaucoup de décorations, mais beaucoup, beaucoup de choses à vendre.

Il me raconta que Noël, pour les Japonais, c'était une fête de couples, que les hommes réservaient une table dans un bon restaurant et achetaient un cadeau dispendieux à l'élue de leur cœur. Un peu comme à la Saint-Valentin, quoi.

Je passe rapidement sur les particularités des Noëls japonais – première visite de l'année au Temple, poulet rôti commandé au restaurant, etc. – et je vous emmène au restaurant Katsura, sur la rue de la Montagne, à Montréal, où Yasu a réservé une table pour deux.

Je n'étais pas sitôt assise, que les serveurs se sont approchés de notre table.

— *Meri Kurisumasu*, les amoureux.

Ils nous ont apporté une bûche de Noël.

— Vous la mangerez au dessert.

Ils nous ont fait jouer des airs de Noël massacrés par de petits orchestres japonais. C'était tellement mauvais que c'en était presque touchant.

J'ai oublié ce que nous avons mangé. Je le regardais, il me regardait, nous nous regardions...

À un moment, il s'est levé et m'a invitée à «caler» mon quart de litre de saké d'un coup sec. Il devait être nerveux, parce qu'il en a calé trois.

Puis, il m'a regardée dans les yeux. Il avait l'air d'un petit garçon. Pour un peu, je me serais levée de table et je l'aurais serré dans mes bras.

Il mit la main dans sa poche et en ressortit un petit écrin de satin bleu qu'il me tendit aussitôt.

C'était une bague de fiançailles.

— *I love you, Jacqueline.*

J'étais si émue que j'ai éclaté en sanglots. J'ai couru me réfugier dans la salle des dames et j'ai pleuré jusqu'à ce que les yeux me chauffent. Je me suis refait une beauté et je suis retournée à notre table. Je n'étais pas encore sûre qu'il me demanderait en mariage, mais...

— *Jacqueline, will you please marry me? I am not rich, I have a bad temper, but I love you.*

Ce soir-là, nous nous sommes promis l'un à l'autre. Nous nous sommes mariés l'année suivante et nous avons eu trois enfants.

À Noël, cette année, c'est évidemment à lui que je vais repenser. Mes enfants et moi porterons un toast à la santé du merveilleux mari et du père attentionné qu'il a été et nous lui rendrons la politesse.

— *Meri Kurisumasu*, papa.

— *Meri Kurisumasu*, mon amour.

Meri Kurisumasu à tous.

ANONYME
La Croisée de l'Est

Ma première messe de minuit

1928

J'ai cinq ans. Ce soir, j'assisterai à ma première messe de minuit. Dire que je suis fébrile ne serait pas assez dire. J'étrenne le beau manteau de drap blanc que ma mère a confectionné. Je porte une tuque blanche, des gants de laine blancs, des guêtres censées protéger mes jambes contre les éclaboussures de toutes sortes et une paire de bottes chaudes. Je me sens belle, j'ai chaud et je m'apprête à vivre les plus belles heures de ma vie.

Papa a attelé «le Dick», notre beau petit cheval brun, et nous prenons place à bord du berlot familial. Les sièges sont recouverts de peluche verte et des grelots sont fixés aux «menoirs» du berlot.

C'est l'attelage des grandes occasions. Mon père n'en est pas peu fier. Je le revois encore dans son capot de chat.

— Hue, le Dick!

Bien emmitouflés dans une «peau de carriole», nous sommes confortables et nous n'avons pas assez de nos deux yeux pour goûter le spectacle qui s'offre à nous.

Les étoiles scintillent. Leur lumière est traversée par des courants chauds et froids. Elles allument des flammèches sur la neige croûtée. Le silence n'est rompu que par le bruit des grelots.

Soudain, les cloches de l'église se mettent à sonner. Je les entends nous inviter à la prière.

Le Dick trottine allègrement et nous sommes bientôt rendus.

Je remarque que les vitraux de l'église sont tout noirs. Je ne les ai jamais vus que de jour.

Je ne suis pas aussitôt assise que l'organiste donne le ton. C'est la première fois que j'entends le *Minuit, Chrétiens*. J'éprouve un sentiment de plénitude qui ne ressemble à aucun de ceux que je connais.

La procession de l'Enfant Jésus s'ébranle. Le marguiller ouvre la marche. Il porte une grosse croix de bois. Deux thuriféraires transportent des cierges allumés. Un clerc, chargé de déposer le petit Jésus de cire dans la crèche, précède un groupe de garçons vêtus de la traditionnelle soutane et du surplis et le prêtre officiant.

Quand tout le monde a trouvé sa place dans le chœur de l'église, le prêtre enfile sa chasuble et la cérémonie commence.

La messe de minuit est la première des trois messes auxquelles nous assisterons. Les deux autres, la messe de l'Aurore et celle du Jour, sont des messes basses.

La grand-messe est plus solennelle que les deux autres. Les chants grégoriens accentuent son caractère sacré. Les deux autres sont plus légères. On y chante, en français, des airs plus entraînants qui nous aident à garder les yeux ouverts.

Je ne me souviens pas d'être rentrée à la maison. Maman a dû me mettre au lit et me chanter une berceuse.

Au réveil, mes sœurs, mon frère et moi nous précipitons sur nos bas de Noël. Il faut que je vous dise que le Père Noël ne nous apporte pas de cadeaux. Chez nous, le 25 décembre, c'est l'anniversaire du petit Jésus, la Nativité, ce qui n'empêche pas nos parents de nous offrir des présents: des jouets, des traîneaux, des vêtements dessinés et cousus maison, des pelles pour jouer dans la neige, des tuques tricotées par ma mère, des mitaines et, par-dessus tout, des petits sacs de bonbons de toutes les couleurs et de toutes les saveurs.

— Miam, des bonbons pour moi toute seule...

Vers midi, ma mère nous sert des tourtières cuites et réchauffées sur le four à bois. Pour dessert, un morceau de bûche de Noël et de la confiture de petits fruits.

Nous passons l'après-midi dehors. Mon frère s'amuse à creuser un tunnel dans la neige, une de mes sœurs se promène en raquettes, les autres étrennent notre nouveau traîneau.

Nous rentrons juste avant la noirceur.

En soirée, maman nous lit un conte de Noël.

Comment pourrais-je jamais oublier ce jour-là?
C'était il y a 82 ans. C'était hier...

Gilberte LAMBERT
Ambiance

Noël en rafales

J'ai toujours aimé la fête de Noël. Je devais avoir cinq ans quand, pour la première fois, notre père nous a dit, à mes frères et sœurs et à moi, qu'il nous emmènerait tous à la messe de minuit.

— Monsieur le Curé nous a réservé un espace fermé à côté de l'autel. Vous allez adorer ça, les enfants.

Le bedeau nous attendait. Il nous a fait entrer par une porte dérobée et nous a conduit au pied d'un escalier qui menait à l'espace fermé dont nous avait parlé notre père.

Monsieur le Curé avait dit vrai. Nous étions juste à côté de l'autel, au-dessus du chœur. D'où nous étions, nous pouvions voir sans être vus: l'autel, les enfants de chœur, les accessoires religieux...

Papa nous avait promis que nous serions aux premières loges et il avait tenu parole.

Je ne vous raconte pas la messe de minuit elle-même, je vous la laisse imaginer.

Plus tard, nous avons réveillonné chez le voisin d'à côté. Une belle fête, chaleureuse comme je les aime. Tout le monde avait l'air si heureux que je me suis demandé pourquoi ce n'était pas toujours comme ça.

Je venais de manger mon premier hot-dog entier (ma mère avait l'habitude de les couper en deux). Je m'étais régalé.

Madame Lévesque avait cuisiné un gâteau. Elle m'en avait donné un gros morceau. Son mari, quant à lui, avait fait de la crème glacée... C'était il y a 75 ans et je me rappelle encore à quel point tout cela goûtait bon.

Une autre fois – j'avais dix ou douze ans –, mes sœurs m'ont envoyé chercher le beau Marcel. Celui qui allait devenir mon beau-frère se faisait attendre. Il était huit heures et il aurait dû être là depuis longtemps. Il avait été convenu que nous passerions la veille de Noël ensemble et c'est ensemble que nous avions prévu de nous rendre à l'église pour assister à la messe de minuit.

J'étais un peu nerveux parce que je chantais dans la chorale et parce que tous les gens de la paroisse seraient là.

Marcel dormait profondément quand je suis arrivé chez lui. Je l'ai réveillé et je lui ai expliqué la situation.

— Ma sœur t'attend.

— Laisse faire ta sœur. Ils sont assez nombreux pour s'occuper d'elle. Nous allons prendre un verre de vin. C'est Noël, après tout.

— Du vin?

Je n'en avais jamais bu. Marcel le savait, mais il était

si bon vendeur qu'il vint rapidement à bout de ma résistance.

J'acceptai le premier verre de bon cœur, pour goûter... le deuxième pour accompagner Marcel et le troisième parce que je commençais à trouver ça bon.

Nous sommes rentrés à la maison vers 10 h 30. C'était un peu juste puisqu'il fallait que nous arrivions à l'église avant 11 h 30.

J'avais les pieds ronds, mais je réussis tout de même à franchir la distance qui nous séparait de l'église et à prendre ma place dans la première rangée de la chorale de petits chanteurs que le Frère avait montée pour la messe de minuit.

Malheureusement pour moi, j'étais à portée de sa baguette.

À minuit pile, l'organiste donna le signal du départ. J'ouvris aussitôt un large bec et je poussai ma note un bon trois secondes avant les autres choristes.

Le Frère m'assena aussitôt un coup de baguette sur le crâne, ce qui eut l'heur de me remettre les idées en place...

J'en arrive à ce que je considère comme mon plus beau Noël, mais, auparavant, souffrez que je vous en raconte une dernière.

Une fois, les membres de la JOC (Jeunesse ouvrière catholique) ont eu l'idée d'installer un système de son dans le clocher de l'église. De 21 heures à minuit, ils ont fait tourner tous les disques de Noël du Curé de la paroisse. J'en conserve un souvenir ému.

Le plus beau Noël de ma vie remonte à 1967. J'étais marié depuis quelques années et mon épouse Rolande et moi avions déjà deux beaux enfants. Cette année-là, nous avons accueilli un troisième bébé dans la famille et c'est dans son beau costume de «Fiston Noël» qu'il a passé son premier Noël avec nous.

Le jour de Noël, mon beau-frère Marcel, celui-là même qui m'avait appris que le bon vin réjouit le cœur de l'homme, m'a demandé de lui servir de chauffeur.

Déguisé en Père Noël, il s'est d'abord arrêté chez nous. Rolande avait invité quelques enfants du voisinage et chacun d'entre eux a reçu au moins un cadeau.

J'ai ensuite reconduit Marcel chez l'une de mes sœurs. Rolande l'avait prévenue d'avance. Quand nous sommes arrivés chez elle, nous avons trouvé un gros sac de jouets sur le pas de la porte. Le Père Noël les a mis dans sa hotte et c'est lui qui les a distribués aux enfants.

Rolande et moi n'oublierons jamais ce Noël-là.

Je pense vous avoir dit que j'ai toujours aimé la fête de Noël. Pour être honnête, je devrais peut-être dire qu'elle m'a aimé autant que je l'ai aimée.

À preuve.

Quand notre petit Daniel a eu quatre ans, il nous a prouvé que les enfants ne sont jamais vraiment dupes de nos petites mises en scène.

— Papa... maman... le Père Noël avait les mêmes yeux bleus que mon oncle Marcel! C'était-tu lui, le Père Noël?

Nous n'avons pas vraiment répondu à sa question.

Quelques années plus tard, Marcel et ma sœur Rita nous ont invités à réveillonner chez eux et c'est là que le chat est sorti du sac.

Dans la soirée, Daniel et son petit cousin ont trouvé l'habit du Père Noël sous le lit de nos hôtes.

— Je l'savais, a rigolé Daniel. J'avais reconnu oncle Marcel.

Son bonheur était si beau à voir que je m'en souviens comme si c'était hier.

Joyeux Noël à tous.

Aimé VACHON
Les Promenades du Parc

Les stances de la belle Rita

«À Noël, nous accrochions nos bas au chambranle de la cheminée, comme tout le monde, et ma mère les remplissait durant notre sommeil. Le lendemain matin, nous y trouvions tantôt une pomme, tantôt une orange. Les bonnes années, il y avait une poignée de bonbons clairs en dessous, en forme de petits animaux sucrés ou épicés. J'ai déjà eu un coq...»

Ainsi parle la belle Rita. Elle est intarissable. Elle passe d'un sujet à l'autre avec l'aisance d'un *stand-up comic*, mais elle a eu sa part de drames.

— J'ai perdu ma meilleure amie quand ma sœur est entrée au couvent de Rigaud. Elle était fonceuse. Elle ouvrait le chemin et je la suivais. Je me suis retrouvée toute seule... trop jeune pour les vieux et trop vieille pour les jeunes.

En 1980, elle est entrée chez les Alcooliques anonymes.

— Il y avait beaucoup d'amour chez les AA. Je ne ressentais pas cet amour-là auprès des miens. Je me sentais comme la servante de la maison. Les *meetings* m'ont fait un bien énorme. J'ai écouté, j'ai pleuré... On m'a accueillie à bras ouverts. Je me suis laissée bercer. J'y ai trouvé un Dieu qui ne me jugeait pas, qui ne m'en voulait pas de l'avoir renié quand mon premier mari est mort.

Je la ramène au sujet de mon livre.

— Rita...

— D'accord... À Noël, chez nous, on tuait un cochon. Mes parents en faisaient de la saucisse, du boudin et du ragoût de pattes. Ma mère faisait du gâteau aux fruits, de la tarte à la farlouche, de la tarte au suif et du pouding au suif: un rang de suif, un rang de cassonade.

Pour ceux que la chose risquerait d'intéresser, voici les ingrédients de base des deux célèbres tartes évoquées par Rita.

TARTE À LA FARLOUCHE: mélasse, cassonade, œufs, beurre, eau, cannelle.

TARTE AU SUIF: sucre d'érable râpé, raisins secs, suif de rognons de bœuf, vinaigre, muscade, abaisses de croûtes de tarte non cuites.

Je n'ai pas le temps de noter tout ce qu'elle me raconte. Elle tient à me présenter son Marcel, son deuxième mari, son compagnon des bonnes et des mauvaises années.

— J'ai accouché de ma petite Michèle le 10 août 1950. Le lendemain, on a enterré Albert, mon premier mari. C'est durant mon séjour à l'hôpital que j'ai rencontré Marcel. C'était un petit blond aux yeux bleus. Il m'avait tout de suite remarquée. Le coup de foudre pour lui, l'indifférence pour moi... Il m'a écrit 18 mois plus tard. Je ne me souvenais plus de lui. Il me demandait si j'étais toujours libre et si j'accepterais de le rencontrer. Il s'est présenté chez moi en octobre 1956. «Il a l'air d'un bon gars», a dit ma mère quand je le lui ai présenté. Nous nous sommes mariés en décembre de la même année... Quand je vous dis qu'elle est intarissable.

— Aimez-vous les vieilles encyclopédies?

— Oui.

— Marcel, on a trouvé notre homme! Va chercher les encyclopédies, monsieur Paquin va les ramener chez lui.

Je n'ai pas le temps de la remercier. Elle enchaîne:

— À Noël, ma mère jouait de l'accordéon. Des rigodons, des valses, toutes sortes d'affaires. Un de nos beaux-frères jouait du violon, un autre, des cuillères. Quand les musiciens en avaient assez, ma mère branchait le gramophone et c'était au tour des professionnels de chauffer la maison.

Je pourrais vous parler d'elle durant des heures. Elle a organisé des expéditions au Théâtre des Variétés, à Radio-Canada, à TVA... Elle a écrit son autobiographie, un recueil de poésie...

Mais elle n'en a pas encore fini avec moi.

— Il y a une belle complicité entre Marcel et moi. On se respecte beaucoup. Les *moins*, on sait quoi en faire: on s'en parle et on règle au plus vite. Les *plus*, on les déguste en douceur...

Joyeux Noël, Madame Rita!

Rita Brière
Les Résidences du Marché

Les deux cœurs de Clémence

Je suis née en 1921, à Métis-sur-Mer, à cinquante kilomètres de Rimouski, un peu à l'est de Baie-des-Sables, où se déroule l'histoire que je me hasarde à vous raconter, en espérant que ma fille unique n'en prendra pas trop ombrage.

Je suis déménagée à Baie-des-Sables en 1939. Officiellement, c'était pour me rapprocher d'une de mes amies, qui venait de se marier et qui m'avait demandé de venir l'aider à organiser sa nouvelle maison. En réalité, c'était parce qu'elle était la seule à connaître mon « terrible secret ».

Avant de le partager avec vous, il y a un certain nombre de choses qu'il faut absolument que je vous dise. Si vous me promettez d'être patients, je ferai de mon mieux pour ne pas trop m'étendre.

24 décembre 1940

Ce matin-là, ma copine et moi avions monté l'arbre de Noël et nous avions fini d'enfourner les six tourtières que nous avions cuisinées la veille. Nous attendions de la visite : des cousins, la sœur de mon amie, une autre amie à moi et son bébé, une dizaine de personnes en tout.

Le réveillon fut à ce point réussi qu'il aurait pu faire école. Nos convives n'avaient pas été sans remarquer que j'avais les yeux passablement rougis, mais ils avaient été assez diplomates pour ne pas trop poser de questions. Ils avaient d'autant plus de mérite que je passais pour avoir le cœur dur et que mes larmoiements avaient de quoi surprendre.

Vers une heure du matin, nous sommes sortis dehors, question de prendre l'air, et c'est ici que ma petite histoire commence.

Une de mes cousines a pointé du doigt une étoile qui brillait plus fort que les autres. À vrai dire, elle était si grosse et si lumineuse qu'on ne pouvait pas ne pas la remarquer.

Nous ne le savions pas encore, mais cette étoile, qui n'était pas là la veille, s'attarderait plusieurs jours au-dessus de Baie-des-Sables.

Il n'y avait pas trois jours qu'elle était là qu'elle était déjà le sujet de toutes les conversations. Tout le monde essayait d'expliquer le phénomène à sa façon.

Le curé de notre jeune paroisse fut le premier à prendre position.

— Ça ne peut pas être l'Étoile du Berger... elle est bien trop grosse et puis le Bon Dieu a trop d'imagination pour recommencer le même truc deux fois. C'est probablement une grosse météorite. Au nom du Père, du Fils et du Saint-Esprit...

L'instituteur du village emboîta le pas.

— C'est un OVNI, il n'y a pas à sortir de là. Il est stationné dans une région du ciel qui lui offre la meilleure vue possible sur notre continent. Je ne serais pas du tout surpris que les extraterrestres qui le gouvernent soient déjà parmi nous. Si ça se trouve, ils prennent des photos...

Madame Rivard, qui avait été bibliothécaire à Trois-Rivières, avait aussi sa théorie.

— Monsieur le curé a presque raison, mais je suis obligée d'ajouter qu'on peut avoir tort tout en ayant presque raison. Il s'agit d'un astre, possiblement l'Étoile du Berger, mais il faut savoir que l'étoile en question est une planète : la planète Vénus. C'est parce qu'elle est aussi grosse que la Terre qu'on peut la voir dans le ciel du matin.

Quelqu'un qui prétendait connaître quelqu'un qui connaissait un astronome hasarda une autre explication.

— Selon un scientifique de mes amis, cette étoile-là n'a pas d'affaire dans notre système solaire. Il est même probable qu'il s'agit de la réflexion d'une planète qui se trouve à mille lieues de la nôtre et que le phénomène se résorbera de lui-même. Le premier à l'avoir observée est Galilée...

J'ai envoyé promener tous ceux qui me cassaient les oreilles avec l'étoile. J'ai dit à monsieur le Curé que je me contrefichais d'autant plus de l'Étoile du Berger que je venais d'apprendre qu'il s'agissait en réalité de Vénus.

— Vous avez quelque chose contre Vénus ?

— J'en ai contre le fait qu'elle personnifie la déesse de l'Amour.

— Vous avez quelque chose contre l'amour?

— Mêlez-vous de vos oignons, Monsieur le Curé...

Le 30 au matin, ma copine m'a offert une tasse de thé chaud.

— Assieds-toi, j'ai à te parler.

J'étais loin de me douter de l'effet que ses paroles auraient sur moi.

— Cette étoile-là, c'est le Bon Dieu qui te l'envoie. Elle restera là tant que tu ne présenteras pas Jocelyne à tous les bien-pensants de Baie-des-Sables, aux commères, aux Filles d'Isabelle, à ta famille...

Moi qui ne rate pourtant jamais une occasion de répondre du tac au tac, j'avoue que j'en ai un peu perdu mes moyens.

— Tu dis n'importe quoi.

Elle était une des seules à savoir que le gros bébé qu'une de nos amies avait emmené au réveillon était ma fille à moi.

Voyant que j'étais émue, elle remonta en selle.

— Ne penses-tu pas qu'il est grand temps que tu prennes tes responsabilités?

Le mot était lâché. Elle était une des seules à savoir et voilà qu'elle me demandait de sortir du placard...

Je passais alors pour avoir mauvais caractère, mais ils étaient quelques-uns à savoir qu'il n'en avait pas toujours été ainsi.

Quelques années auparavant, je m'étais amourachée d'un notable de Baie-des-Sables. Ce qui avait commencé par une simple amourette s'était rapidement transformé en passion dévorante.

Notre liaison était secrète.

J'aurais bien aimé que mon amoureux assume l'amour qu'il me portait, mais les choses étaient loin d'être aussi simples. Figurez-vous que l'homme à qui je m'étais donnée et qui m'avait juré de m'épouser un jour était le curé d'une paroisse voisine...

Nous nous voyions une ou deux fois par semaine, la plupart du temps au presbytère. Il avait tenu à ce que je devienne Fille d'Isabelle, moitié pour m'avoir à portée de la main et moitié pour ne pas éveiller ce qu'il appelait « d'inutiles soupçons ». Il avait profité de ma naïveté pour m'étourdir avec ses promesses.

— Je suis prêt à renoncer à mon sacerdoce pour toi, mais il va falloir que tu sois patiente. Je ne veux surtout pas défroquer. J'ai l'intention de demander au Vatican de me relever de mes vœux.

Avec le temps, notre passion a grandi au point d'être presque impossible à cacher. À vrai dire, je me demande encore comment nous avons pu dissimuler nos sentiments. Il me semblait que tout le monde devait s'être aperçu de quelque chose.

Un matin, j'ai pris la décision de nous faire un enfant. Je commençais à trouver que ses démarches auprès du Saint-Office étaient bien longues à aboutir. À partir de ce jour-là, j'ai tout fait pour tomber enceinte. Il me semblait que notre amour méritait mieux que la clandestinité dans laquelle nous étions en train de nous emmurer.

Quand mon médecin m'annonça que j'attendais un bébé, j'étais si heureuse que j'ai tout de suite couru chez mon amoureux pour lui apprendre la bonne nouvelle.

C'était une mauvaise idée.

Il le prit naturellement aussi mal que possible.

— Te rends-tu compte de ce que tu as fait?

Il me traita de traînée, de mauvaise fille, de putain, de suppôt du diable.

— Je veux que tu donnes cet enfant en adoption aussitôt qu'il sera né.

J'eus beau pleurer toutes les larmes de mon corps, me traîner à ses pieds et plaider ma cause en lui rappelant toutes les promesses qu'il m'avait faites, nos amours passionnées et la pureté de mes sentiments, rien n'y fit.

Nous nous sommes revus plusieurs fois. Il était désormais plus froid qu'un bloc de glace.

J'ai fini par confier ma fille à une amie. J'ai dit à mon ex-amoureux que j'avais donné mon bébé en adoption et que j'emporterais notre secret dans ma tombe. Ai-je besoin de vous dire à quel point j'étais dévastée?

Ma copine est revenue à la charge.

— Cette étoile-là, c'est le signe que tu attendais sans le savoir. Ta petite Jocelyne mérite sa place au soleil. Elle a été conçue dans l'amour.

Je lui ai rétorqué qu'elle serait jugée, qu'elle passerait

pour être la bâtarde d'un curé que sa mère avait débauché, qu'elle vivrait dans la honte.

— Oublie le curé. Tu n'as qu'à dire que son père est mort. Tu n'as pas encore 20 ans et tu es déjà tellement endurcie que tout le monde pense que tu as un cœur de pierre.

Ce sont ces derniers mots qui ont fait sauter toutes les écluses. J'ai pleuré comme une Madeleine et je me suis tiré les cheveux jusqu'à ce que la glace fonde.

Ce jour-là, j'ai compris que j'avais deux cœurs. Un cœur meurtri et abîmé qui ne battrait plus jamais pour personne et un autre cœur, tout neuf, qui battrait pour ma fille et pour ceux et celles qui nous accepteraient dans leur monde.

Je suis sortie du placard le 1ᵉʳ janvier. J'avais invité tout le monde... à part le géniteur de ma fille. Je leur ai dit que l'étoile annonçait la naissance de Jocelyne et que je demanderais bientôt au curé de Baie-des-Sables de la bénir.

Le père de ma fille est mort sans n'avoir jamais reconnu sa paternité, mais avec le cœur tout neuf que le petit Jésus m'avait envoyé pour le Jour de l'An, j'ai tellement aimé Jocelyne qu'elle s'est épanouie et qu'elle est devenue la plus belle petite fille du monde, la plus belle jeune fille du monde, la plus belle femme du monde...

ANONYME
Ambiance

195

Épilogue

L'esprit de clocher

Sous Duplessis, le clergé avait la charge des écoles, des collèges, des couvents, des universités et des hôpitaux. Les 56 000 ecclésiastiques du Québec avaient la main haute sur la culture en général, sur l'édition littéraire en particulier, sur les bibliothèques, la censure et les bonnes mœurs. On ne s'étonnera pas que la plupart de nos coutumes et de nos traditions reflètent l'omniprésence du clergé dans la vie quotidienne des parents des baby-boomers.

Les religieux accompagnaient leurs paroissiens de leur naissance jusqu'à leur mort, en passant par leur mariage, et endossaient à cent pour cent l'antimodernisme, l'intégrisme et l'antisocialisme primaire de Duplessis.

Plusieurs voix s'élèveront et toutes sortes d'actions seront entreprises dans le but de contrer l'influence de la toute-puissante Église catholique, mais il faudra attendre la Révolution tranquille pour voir un véritable changement s'opérer.

Ce sont les parents des baby-boomers, ceux-là mêmes qui m'ont raconté les histoires vécues que vous venez de lire, qui ont laïcisé les écoles et les hôpitaux, qui ont redonné aux Québécois le contrôle de leurs institutions et qui ont modernisé le Québec.

Quand j'écris qu'il ne faut pas nous couper de notre passé, je ne prétends pas qu'il faille retourner en arrière. Aucun arbre ne redescend jamais dans ses racines. Mais je prétends qu'un peuple qui ne respecte pas ses anciens, qui ne les connaît pas par leur nom, qui ne sait même pas comment ils vivaient il y a moins de cent ans, risque de disparaître.

Ce sont nos ancêtres immédiats. Leur sang coule dans nos veines. Sans eux, comme le dit Gilles Proulx, il y a longtemps que le Québec serait «Louisianisé». Il est plus que temps que nous leur redonnions la parole.

Raymond PAQUIN

Les plaisirs démodés

Ceux qui ne peuvent se rappeler le passé
sont condamnés à le répéter.
George SANTAYANA

LA CRIÉE DES ÂMES

Tous les dimanches de novembre suivant la Toussaint, après la Grand-Messe, les paroissiens se rassemblaient sur le parvis de l'église pour «la criée des âmes». On commençait par leur servir des mets apprêtés par les femmes de la paroisse.

Le crieur public faisait ensuite la nomenclature des objets et des produits à être vendus à l'encan. Le produit de la vente servait à financer des messes pour le repos des âmes de la paroisse ou à payer une partie des frais d'entretien de la fabrique.

LE CULTE DES MORTS

Les anciens avaient une idée assez précise des étapes à suivre avant et après un décès. Les croyances religieuses côtoyaient ici les croyances populaires.

Voyant venir sa mort, le malade se donnait habituellement à l'un de ses fils... par testament. Il lui fallait ensuite afficher sa foi chrétienne en se confessant à un prêtre. Suivaient l'absolution, l'aspersion d'eau bénite et l'extrême-onction.

On constatait la mort du malade en vérifiant l'absence de souffle sur la surface d'un miroir. On alertait alors le curé, qui s'empressait de faire sonner le glas : deux volées de cloches pour une femme, trois pour un homme.

Suivait la veillée du défunt, qu'on exposait dans sa propre résidence. On mettait parfois des pièces de monnaie sur ses paupières pour qu'elles restent closes et une serviette sous son menton pour lui tenir la mâchoire fermée. Le défunt était ordinairement vêtu de ses plus beaux atours, mais il restait pieds nus parce qu'on craignait que le bruit de ses pas n'incommode les âmes du Paradis.

Dans certaines paroisses, on recommandait d'exposer le mort dans le sens des poutres du plafond. On plaçait enfin un petit bol d'eau à côté de lui pour que son âme puisse se laver avant d'entrer au Paradis.

Aparté

On raconte que le croque-mort de la paroisse « croquait » le gros orteil du défunt avant de l'embaumer pour s'assurer qu'il était bien mort. Ce n'est probablement qu'une légende urbaine, mais elle n'est pas dénuée d'intérêt.

LES FEUX DE JOIE

À l'île d'Orléans, au début du 19ᵉ siècle, les habitants des villages se réunissaient dans la paroisse Saint-Jean, le 24 juin de chaque année. Un des paroissiens transportait une grosse quantité de bois à brûler en face de l'église.

Après avoir chanté un *Ave*, le curé du village s'approchait du bûcher, le bénissait, y mettait le feu et le ravivait en frappant un briquet en métal contre un éclat de silex.

Quand les habitants des paroisses voisines apercevaient les flammes des feux de joie de la cité Champlain, ils en allumaient d'autres, à Lévis, Beauport, Charlesbourg...

LA GRANDE TABLÉE

La première Fête nationale du Québec a été célébrée autour d'une table, le 24 juin 1834. Le journaliste Ludger Duvernay avait alors invité une soixantaine de convives à sa table et leur avait demandé de limiter leurs discussions au seul avenir politique de notre pays...

LA PETITE ET LA GRANDE DEMANDE

Autrefois, les amoureux se rencontraient sur le balcon de la maison du père de la jeune fille, à portée d'oreille de ses parents. Le jeune homme lui tenait compagnie de sept heures jusqu'à neuf, dix heures du soir.

Il y avait deux demandes en mariage. Le prétendant adressait d'abord la «petite demande» à la mère de sa dulcinée ou à la jeune fille elle-même. En cas d'acceptation, il faisait alors la «grande demande» au père de sa bien-aimée, après s'être assez longuement entretenu en privé avec lui.

LA CROIX DE CHEMIN

En 1900, on dénombrait environ 200 croix, plantées le long des routes et des rangs. En passant devant l'une d'elles, les promeneurs avaient l'habitude de s'arrêter, de se signer et d'adresser une courte prière à Dieu.

LE CHARIVARI

Quand ils désapprouvaient un mariage – soit parce que l'un des conjoints était sensiblement plus âgé que l'autre, soit parce que le mariage était jugé trop intéressé, soit parce qu'un veuf ou une veuve s'était remarié un peu trop vite à leur goût –, les voisins se réunissaient devant la maison des nouveaux mariés, le soir des noces autant que possible, et organisaient un grand «charivari».

Munis de toutes sortes d'accessoires et d'ustensiles susceptibles de faire le plus de vacarme possible, ils chantaient, dansaient, tapaient sur des casseroles, agitaient des grelots et des clochettes, soufflaient dans des cornets et dans des instruments à vent jusqu'au petit matin.

Le Mardi gras

Entre le 6 janvier (la fête des Rois) et le début du carême, les Québécois des régions improvisaient toutes sortes de petits carnavals plus ou moins officiels.

Le soir du Mardi gras, les carnavaleux lâchaient leur fou. Vêtus de vieux vêtements rapiécés, ils allaient de maison en maison. Ils s'y arrêtaient pour boire un bon coup, chanter et se réchauffer. Ils profitaient de l'occasion pour collecter de la nourriture et des vêtements pour les pauvres du village.

La danse des bas jaunes

Le 25 novembre ou encore quand la première neige de la Sainte-Catherine tombait, on avait l'habitude de taquiner la « vieille fille » de la famille. À l'époque, une jeune femme qui n'était pas encore mariée à l'âge de 25 ans était considérée comme une vieille fille.

Cette tradition provient de Normandie.

On invitait la vieille fille à se coiffer d'un bonnet et à enfiler une paire de bas jaunes. On ne la lâchait plus tant qu'elle n'avait pas accepté de grimper sur la table de cuisine et d'improviser une sorte de danse des bas jaunes qui réjouissait la maisonnée.

Le réveillon acadien

Le réveillon de Noël des anciens Acadiens était axé sur la musique, les échanges de cadeaux et une grande variété de mets traditionnels. Parmi ceux-ci :

- le rôti de piroune (rôti d'oie)

- le cipaille (aussi appelé cipâte ou six-pâtes)

- la pâte en pâte (pâte frite de la famille du beignet, aussi appelée « croquecignole »)

- le chiard à la viande boucanée (hachis de pommes de terre coupées, de lardons très minces, de morceaux de viande dessalée et fumée et de quelques oignons coupés et rôtis dans la graisse des lardons)

- le pâté en famille (ressemble à un hachis parmentier sauf que la viande est en sandwich entre deux couches de pomme de terre)

- le fricot acadien (plat typiquement acadien qui peut se confectionner avec de la viande, de la volaille, des fruits de mer, du gibier, etc. Le fricot est classé dans la catégorie des soupes, car il est servi avec beaucoup de liquide de cuisson, ce qui préserve ses arômes. Le fricot à la poule demeure cependant le plus populaire en Acadie.)

- le fricot du Cap-Breton (soupe à base de poisson et de pomme de terre aussi appelée chaudrée ou échaudrée)

Vous en voulez d'autres ?

- la poutine râpée (ronde et gluante, la poutine râpée est faite d'un volume de râpure de pommes de terre crues pour trois volumes de purée de pommes de terre pilées et de morceaux de lard)

- la mioche au naveau (purée de patates et de navet, qu'on appelait « naveau » partout en Acadie)

- les poutines à trou (boules de pâte farcies de pommes, de raisins secs et de canneberges, dans lesquelles on fait un trou pour y verser du sirop)

- la catin de pâte (pâte sucrée cuite ayant la forme d'une poupée et mesurant généralement un pied de long. On donnait la catin de pâte aux petites filles le matin Noël.)

La galette des Rois

Elle était faite de pâte feuilletée et dorée au four. On la mangeait traditionnellement avec de la confiture, autour du 6 janvier. À ne pas confondre avec le « gâteau des Rois » qui était, en réalité, une brioche aux fruits confits.

Avant de la répartir également entre tous les convives, on avait d'abord pris soin de prélever « la part du Bon Dieu », également appelée « la part de la Vierge » ou « la part du pauvre ».

Edmond-Joseph Massicotte

(01-12-1875 - 01-03-1929)

Edmond-J. Massicotte est l'auteur de toutes les illustrations de ce livre. Sa renommée est essentiellement fondée sur les 17 planches intitulées *Nos Canadiens d'Autrefois*. La plupart d'entre elles ont déjà paru dans l'*Almanach du Peuple*.

Massicotte fut le seul illustrateur québécois à épouser la tendance de l'Art nouveau. Plusieurs graphistes québécois emboîtèrent ensuite le pas. Sa production fut considérable.

Il n'avait pas encore 25 ans que déjà, un millier de ses illustrations avaient été publiées dans *Le Passe-Temps*, *Le Monde illustré*, *Le Canard* et l'*Almanach du Peuple*.

Le Musée national des Beaux-Arts du Québec possède 1655 de ses dessins originaux et 17 de ses estampes.

Il est mort à l'âge de 53 ans, des suites d'une attaque de paralysie dont il ne se releva jamais. Le Québec se préparait à entrer dans l'ère moderne et les images du terroir québécois commençaient à perdre de leur lustre.

Il est probable qu'à cause de cela, il n'entrevoyait pas la pérennité de sa contribution.

Les illustrations de Massicotte sont à peu près les seules images qui nous restent de la vie quotidienne et des traditions de nos ancêtres.

Nous remercions ici Madame Céline Martel, directrice générale du Cavalier de LaSalle, un des complexes résidentiels du Groupe Maurice, d'avoir bien voulu nous prêter les 17 reproductions que nous avons incorporées à ce livre.

Le retour de la Messe de Minuit
Une charmante scène de l'hiver canadien : la sortie de l'église après la Messe de Minuit. Tout le monde s'empresse pour le réveillon.

Le Réveillon de Noël
La famille tout entière est attablée pour le réveillon. Sur la table trônent les plats traditionnels : le ragoût et les croquignoles (beignes).

UNE VEILLÉE D'AUTREFOIS

Tout autour de la grande cuisine, les « veilleux » sont accouplés, tandis que le violonneux tient en branle des gigueurs endiablés.

La Bénédiction du Jour de l'An
Le matin du Jour de l'An, toute la famille vient s'agenouiller aux pieds du père et demander sa bénédiction pour la nouvelle année.

La Fête des Rois
C'est la vieille coutume du gâteau des Rois. Le détenteur de la fève est proclamé roi et il se choisit une reine parmi l'assistance.

LE MARDI GRAS À LA CAMPAGNE
Avant de « s'encarêmer », nos vieux d'autrefois tenaient à célébrer joyeusement la fin du carnaval. C'est le Mardi gras.

Les Sucres

Voici le dessin d'une cabane à sucre d'après nature. À l'époque, il en existait des centaines du même genre dans la province de Québec.

Le Magasin général de jadis

Au magasin général de jadis, les villageois trouvaient un peu de tout. C'était le grand centre de réunion où les vieux s'assemblaient pour l'éternelle partie de dames.

La Quête de l'Enfant Jésus
C'est la visite du curé à ses paroissiens. Tous, pieusement inclinés, reçoivent la bénédiction de leur pasteur.

Remerciements

Mes premiers remerciements vont à Lise Durocher, mon éditeur et ma complice, pour m'avoir soutenu à toutes les étapes de la création de ce livre, à Sylvie Denischuck et aux récréologues du Groupe Maurice, à ceux et celles qui ont accepté de me raconter leurs histoires et à Luc Maurice, qui déploie une énergie formidable au service de « ses » aînés.

Raymond PAQUIN

Je suis très heureux d'offrir ce livre à vous tous, chers résidants et employés, qui animez nos villages. Je remercie Raymond Paquin et Lise Durocher d'avoir mis leur talent au service de ceux qu'ils appellent LES GARDIENS DE LA TRADITION. Et un merci spécial aux deux femmes de ma vie qui sont les premières à m'encourager sans hésitation lorsque j'entreprends un projet un peu fou, ma mère et ma conjointe Andrée.

Luc MAURICE

Table

Achevé d'imprimer au Canada
sur les presses de Imprimerie Lebonfon Inc.